AF390391

RECUEIL

DE DIVERS ARRÊTS

ET JUGEMENS

RENDUS EN DIFFERENS TRIBUNAUX,
fur plufieurs queftions decidées en faveur des Seigneurs
Féodaux de cette Province.

*Recuëillis par le Sr Regibaud, Greffier de la Nobleffe,
enfuite d'une Deliberation de l'affemblée generale du
Corps, du 25. May 1733. & imprimés fous le Sindi-
cat de Mr. le Marquis de la Roque, de Mr. le Baron
de Moans, Sindics d'Epée, & de Mr. le Blanc Caftil-
lon, Sindic de Robe.*

A AIX,
Chez la Veuve de Joseph David & Esprit David, Imprimeurs
du Roy, du Corps de la Nobleffe, du Pays
& de la Ville. Au Roy David.

M. DCC. XXXIX.

F

ARRÊTS
CONCERNANT
LES DROITS HONORIFIQUES
DES SEIGNEURS
ET DE LEURS OFFICIERS DE JUSTICE.

ARREST DU PARLEMENT

Entre le Seigneur du Lieu de St. Laurens & le Curé du
même Lieu, sur les Droits Honorifiques du Seigneur
dans l'Eglise. Du 5ᵉ. Fevrier 1711.

EXTRAIT DES REGISTRES DU PARLEMENT.

 NTRE Noble Jean-François-Henri de Pizany, Seigneur de St. Laurens & du Puget, Conseiller du Roi, Tréforier Général de France, demandeur en Requête du 3. Juillet 1709. & défendeur en autre contraire, d'une part.

Et Messire Honnoré Geoffroi, Prêtre, Prieur Curé dudit St. Laurens, Bachelier en l'un & en l'autre droit, défendeur & demandeur en Requête contraire du 5. Novembre 1709. d'autre.

Et entre ledit Messire Geoffroi, incidemment apellant comme d'abus d'Ordonnance de Mr. l'Evêque de Vence du 8. Octobre 1700. avec claufe de refcifion envers la convention du 29. Avril 1701. & d'apel de la Sentence du Lieutenant de Graffe du 6. Mars 1700. d'une part.

Et ledit de Pizani intimé & défendeur, d'autre.

Et entre le Sindic du Clergé du Diocéfe de Vence, demandeur en Requête d'intervention du 17. Avril 1710. d'une part.

Et ledit de Pizany défendeur, d'autre.

Et entre ledit fieur de Pizany, apellant incidemment comme d'a-bus de l'article 3. des Statuts Synodaux, publiés le 31. Mai & 1.er Juin 1703. d'une part.

Et ledit Messire Geoffroi défendeur, d'autre.

Et entre Messire François de Crillon de Bertons, Confeiller du Roi en fes Confeils, Seigneur, Evêque de Vence, demandeur en Requête d'intervention, d'une part.

Et lefdits fieurs de Pizany, Geoffroi, & Sindic du Clergé, défendeurs, d'autre.

LA COUR, fur l'apellation comme d'abus dudit Pizany, fans préjudice du droit des Parties, a déclaré n'y avoir abus en l'article troifiéme du Réglement de l'Evêque de Vence du 31. Mai 1703. le condamne à l'amende de feptante-cinq livres envers le Roi, & aux dépens de cette qualité. Et en ce qui eft de l'apel interjetté par Geoffroi, a déclaré y avoir abus en l'Ordonnance dudit Evêque du 8. Octobre 1700. & en confequence faifant droit à la refcifion mife en queuë des Lettres d'apel dudit Geoffroi, a mis & met les Parties au même état qu'elles étoient auparavant la convention dont s'agit; & de même fuite a mis & met l'apellation de la Sentence du Lieutenant de Graffe & ce dont eft apel, au néant, & par nouveau Jugement a ordonné & ordonne que ledit Geoffroi recommandera aux prieres publiques ledit de Pizany, fa femme & famille, tant en abfence que préfence, qu'il leur donnera la paix, l'afperfion & l'encens aux jours accoûtumés, de la même maniere qu'il fera donné au Clergé & après ledit Clergé. Ordonne en outre que lefdits Pizany & Geoffroi fe rendront les honneurs reciproques qui leur font dûs, l'un comme Seigneur, & l'autre comme Curé; & fur toutes les autres fins & conclufions des Parties, les a mifes hors de Cour & de Procès, dépens compenfés. Fait à Aix en Parlement le 5 Fevrier 1711,

ARREST DU PARLEMENT

Intervenu entre Mr. le Conseiller le Blanc , Seigneur de Ventabren , & le Curé du même Lieu, au sujet des Droits Honorifiques dans l'Eglise. Le 20. Mai 1727.

LOÜIS par la grace de Dieu , Roi de France & de Navarre, Comte de Provence, Forcalquier & Terres adjacentes, à tous ceux qui ces présentes verront, SALUT. Comme soit que par Arrêt *de consensu* cejourd'hui rendu pardevant nos amez & feaux Conseillers les gens tenant nôtre Cour de Parlement audit Pais, entre Messire François Braquetti , Vicaire perpetuel du Lieu de Ventabren, apellant de Jugement rendu par la Chambre des Requêtes du Palais près la Cour de Parlement de ce Pais, le 16. Mai 1722. d'une part.

Et Messire Esprit le Blanc , Seigneur de Ventabren , Conseiller du Roi en la même Cour, intimé.

Par lequel Arrêt nôtredite Cour, du consentement des Parties, oüi sur ce nôtre Procureur Général , a mis l'apellation & ce dont est apel au néant, quant à ce, & par nouveau Jugement, a maintenu ledit le Blanc , Seigneur de Ventabren, aux Droits Honorifiques dont lui & ses dévanciers ont joüi en ladite qualité ; & à ces fins ordonne que led. Vicaire fera encenser led. Seigneur, sa femme & sa famille par le Clerc, à une place décente où à son Banc, qu'il ne pourra placer qu'hors du Presbytere , & ce les jours de Dimanche & autres Fêtes solemnelles , & recommandera ledit Seigneur, sa femme & sa famille aux Prônes & prieres publiques, & leur presentera à tous l'aspersion , le tout en conformité de l'Arrêt de Puilobier ; condamne ledit Braquetti Vicaire, aux dépens moderés à cinquante livres ; pour ce est-il, &c. Données à Aix en nôtredit Parlement le 20. Mai, l'an de grace 1727. & de nôtre Regne le douziéme. Collationné par la Cour, *signé*, HERAUD.

L'Arrêt de Puilobier, dont il est parlé dans celui ci-dessus, fut rendu le 21. Juin 1669. entre Messire Jean-Baptiste des Martins ,

Seigneur de Puilobier, & Meffire André Eifferic, Prêtre & Curé du même Lieu : Cet Arrêt eft raporté dans la feconde compilation de Boniface , tom. 2. pag. 18. il enjoint au Curé lorfqu'il fera le Prône de recommander le Seigneur du Lieu, fa femme & fa famille aux prieres publiques, de leur prefenter la paix & l'afperfion à tous, avec décence , & de les faire encenfer aux jours de Dimanche & autres Fêtes folemnelles par le Soûdiacre, in habitu, pendant le fervice de la Meffe & de Vêpres, à peine de 10. liv. pour chaque fois qu'il y contreviendra , dès à prefent déclarée ; ordonne en outre que le Curé fera dire l'une des Meffes de ladite Paroiffe à une heure convenable & commode pour le Seigneur & fa famille.

ARREST DU PARLEMENT

Qui caffe une Déliberation qui fut prife par le Confeil de la Communauté du Lieu de Reillane , fans la prefence du Juge du Lieu ni de fon Lieutenant : Et qui enjoint aux Confuls du même Lieu d'aller vifiter le Seigneur du Lieu dans fon Chateau le jour de leur élection. Du 30. Avril 1682.

EXTRAIT DES REGISTRES DU PARLEMENT.

ENTRE Meffire François de Reillane, Seigneur du Bourget, Vicomte de Reillane , demandeur en deux Requêtes des 25. Fevrier 1681. & 20. Mars dernier, d'une part.

Et les Confuls & Communauté dudit Reillane défendeurs , d'autre.

Et entre les fieurs Sindics du Corps de la Nobleffe de cette Province , demandeurs en Requête d'adherance à celles dudit fieur Vicomte de Reillane & d'intervention en l'inftance, auffi d'une part.

Et lefdits Confuls & Communauté de Reillane & le fieur Vicomte dudit Lieu, défendeurs , d'autre.

LA COUR faifant droit aux Requêtes dudit de Reillane , enfemble à celle d'intervention des Sindics de la Nobleffe , a caffé & caffe la Déliberation dont s'agit, comme nulle ; a fait inhibitions & défenfes aufdits Confuls & Communauté de faire aucune

Déliberation fans apeller les Officiers du Seigneur, conformement à l'Arrêt du Parlement de Paris ; & néanmoins ordonne & enjoint aufdits Confuls le jour de leur élection, d'aller vifiter le Seigneur de Reillane dans fon Chateau, le tout à peine de 500. liv. d'amende ; condamne lefdits Confuls aux dépens en leur propre, fans les pouvoir rejetter fur le Corps de la Communauté. FAIT à Aix en Parlement le 30. Avril 1682.

ARREST DU PARLEMENT

Obtenu par le Juge de St. Tropès, qui foumet les Confuls à l'aller prendre & l'accompagner à la Maifon de Ville le jour de l'Election, & de le faire accompagner par le Greffier lors des autres Déliberations : Et qui ordonne encore que le Juge fe placera dans l'Eglife au Banc & à la tête des Confuls. Du 12. Juillet 1718.

EXTRAIT DES REGISTRES DU PARLEMENT.

SUR la Requête prefentée à la Chambre ordonnée durant les vacations, par Mᵉ. Martin, Juge du Lieu de St. Tropès, contenant qu'en cette qualité depuis l'Edit de fupreffion des Offices de Maire, qui avoient été créés dans toutes les Villes & Bourgs du Royaume, le Supliant a repris fon ancien droit d'autorifer les Confeils de la Communauté dudit Lieu, & fur-tout lors de la création du nouvel état, & bien que ce caractére exige que le jour d'auparavant les Déliberations & Elections, le Supliant foit averti par le Greffier de la Communauté, ou autre Officier du Confeil, pour s'y trouver, & que le jour de la création des nouveaux États, il foit accompagné à la Maifon de Ville par les Confuls, & le jour des autres Déliberations par un Officier du Confeil, lefd. Confuls de St. Tropès ne le font avertir que par le valet de Ville, & prétendent qu'il n'eft pas en droit de fe placer à leur tête dans le Banc de l'Eglife, ce qui fe pratique dans tous les Lieux & Villes de la Province ; ledit Mᵉ. Martin requiert le bon plaifir de ladite Chambre, foit d'ordonner qu'il fera enjoint aufdits Confuls de St. Tropès de faire avertir ledit Supliant la veille des Elections & autres Déliberations par le Greffier de la Communauté,

& le jour des Elections Confulaires de l'accompagner à la Maifon de Ville où elles doivent être faites, & à l'égard des autres Déliberations, de l'y faire accompagner par le Greffier, ou par tel autre Officier du Confeil qu'elle trouvera à propos, à peine de 1000. liv. d'amende, & fur les contraventions informé par le premier Juge Royal ; comme auffi le Supliant fe placera à l'Eglife à la tête des Confuls au Banc où ils fiegent, avec défenfes aufdits Confuls de lui donner du trouble & empêchement fous les mêmes peines.

Vû ladite Requête avec le decret de foit montré au Procureur Général du Roi & à partie du 9. Juillet prefent mois, avec l'exploit au bas dudit jour, fait au fieur Martin Conful dudit Lieu de Saint Tropès, trouvé cafuellement en cette Ville, & fa réponfe conclufions du Procureur Général du Roi, n'empêchant les fins requifes, fignées Boyer d'Eguilles, & la recharge de ladite Requête : Oüi le raport de Me. Henri de Benault de Lubieres, Chevalier, Marquis de Roquemartine, Seigneur du Breüil, Confeiller du Roi, tout confideré.

LA CHAMBRE a ordonné & enjoint aux Confuls de St. Tropès, de faire avertir le Supliant la veille des Elections & autres Déliberations par le Greffier de la Communauté, & le jour defdites Elections Confulaires de l'accompagner à la Maifon de Ville où elles doivent être faites, & à l'égard des autres Déliberations, de l'y faire accompagner par le Greffier ou par tel autre Officier du Confeil qu'elle trouvera à propos, à peine de 1000. liv. d'amende, & en cas de contravention, il en fera informé par le premier Juge Royal requis ; comme auffi ordonne que ledit Supliant fe placera dans l'Eglife à la tête des fieurs Confuls au Banc où ils fiegent, fait défenfe aufdits Confuls de lui donner du trouble & empêchement fous les mêmes peines. FAIT à Aix en Parlement, tenant la Chambre des Vacations, le 12. Juillet 1718. Collationné, *Signé* Deregina.

Les Confuls de St. Tropès s'étant pourvûs en révocation de cet Arrêt, ils en furent déboutés, & l'Arrêt fut confirmé par celui ci-après.

ENTRE les Confuls & Communauté du Lieu de St. Tropès demandeurs en Requête du 18. Avril 1719. d'une part.

Et Me. Martin Juge du même Lieu, défendeur d'autre.

LA COUR, fans s'arrêter à la Requête en révocation de la partie

tie de Cheri, ordonne que l'Arrêt de la Cour fera exécuté felon fa forme & teneur, condamne la partie de Cheri aux dépens moderés à 10. liv. enjoint au Procureur de les recevoir. FAIT à Aix en Parlement le 10. Juin 1719. Collationné, *Signé*, Roche.

ARREST RENDU PAR LE PARLEMENT

En faveur du Juge du Lieu d'Eigalieres, qui caffe une Déliberation prife fans l'autorité du Juge; foumet les Confuls d'aller prendre le Juge le jour de l'Election & de le reconduire; & à l'égard des Confeils particuliers, oblige les Confuls de faire avertir le Juge la veille par le valet de Ville, & de l'envoyer prendre par le Greffier au moment que le Confeil fera affemblé. Du 15. Mars 1731.

EXTRAIT DES REGISTRES DU PARLEMENT

ENTRE M^e. Jacques Autheman, Avocat en la Cour & Juge du Lieu d'Eigalieres, demandeur en deux différentes Requêtes, l'une principale & l'autre incidente & fins y contenuës, & en reception d'expedient, & défendeur en autre contraire, d'une part.

Et fieurs André Ifnard & Mathieu Chabaud, anciens Confuls de la Communauté dudit Lieu d'Eigalieres, défendeurs & demandeurs d'autre.

LA COUR, oüy le Procureur Général du Roi, faifant droit fur toutes les fins & conclufions des Parties, ayant aucunement égard à la Requête principale dudit Autheman, a déclaré la Déliberation dont il s'agit nulle, & comme telle, l'a caffée; ordonne à ces fins, que le Confeil de la Communauté fera affemblé le lundi de Pâques, pour proceder à l'Election du nouvel Etat, auquel jour les Confuls iront prendre ledit Autheman Juge & le reconduiront après ladite Election; & fur le furplus des autres fins & conclufions des Parties, les a refpectivement mifes hors de Cour & de Procès, condamne lefd. Ifnard & Chabaud aux dépens moderés à 30. liv. en leur propre & fans efpoir de rejet fur le Corps de la Communauté; & pour ce qui eft des Confeils particuliers de ladite Communauté, la Cour ordonne, en conformité des expediens refpectifs des Parties, que les Confuls feront avertir le

Juge la veille par le valet de Ville, & qu'au moment que le Conseil sera assemblé, le Greffier ira le prendre pour le conduire à l'Hôtel de Ville. FAIT à Aix en Parlement, le 15. Mars 1731.

ARREST RENDU PAR LE PARLEMENT

Entre Messire Loüis Palamede de Forbin, Marquis de Pontamoisson, Seigneur de Solliés, & les Consuls & Communauté du même Lieu de Solliés; par lequel Arrêt il a été jugé que dans toutes les assemblées de la Communauté, marches & cérémonies publiques d'icelle, le Juge du Lieu, & à son défaut, son Lieutenant, précédera les Consuls, & que le Juge, ou son Lieutenant, sera averti du jour & de l'heure des assemblées & cérémonies publiques; & que le jour de l'Election du nouvel Etat, les Consuls iront en Chaperon prendre le Juge ou son Lieutenant, & le reconduiront de même. Du 10. Juin 1731.

Loüis par la grace de Dieu, &c.

ENTRE Messire Loüis Palamede de Forbin, Chevalier, Marquis de Pontamoisson, Seigneur de Solliés & autres places, demandeur en Requête principale, fins y contenuës, du 3. Janvier 1731. d'une part.

Et les Consuls & Communauté dudit Lieu de Solliés, défendeurs, d'autre.

Et entre ledit Messire Loüis Palamede de Forbin, Seigneur de Solliés, demandeur en deux Requêtes incidentes des 12. Mars & 29. Mai 1731. demandeur & défendeur en reception d'expedient, d'une part.

Et lesdits Consuls & Communauté de Solliés, défendeurs & demandeurs, d'autre.

Vû par la Cour le Procès, &c. Oüi le Raport de Me. Jean-Baptiste de Blanc, Conseiller du Roi, Commissaire en cette partie député, tout consideré.

SÇAVOIR faisons que nôtredite Cour par son Arrêt du jour & datte des présentes, faisant droit sur toutes les fins & conclusions des Parties, ayant aucunement égard à la Requête dudit de Forbin du 3. Janvier 1731. & faisant droit à ses Requêtes incidentes des 12. Mars & 29. Mai dernier, a ordonné que le Juge du Lieu de Solliés, & à son défaut son Lieutenant, précédera les Consuls dudit Lieu à toutes les assemblées de ladite Communauté, marches & cérémonies publiques d'icelle, & nommément à celle qui se fait annuellement le soir de la veille de la Noël pour la distribution du pain aux pauvres & colation ; & qu'à cet effet led. Juge, & à son défaut son Lieutenant, seront avertis par le valet de Ville du jour & heure desdites assemblées & cérémonies publiques ; ordonne en outre que le jour de l'Election du nouvel État les Consuls dudit Lieu iront en Chaperon prendre ledit Juge, & à son défaut, absence ou empêchement, son Lieutenant, à sa maison ou à celle qu'il élira dans celui des Bourgs où l'Election devra être faite, pour les conduire à l'Hôtel de Ville, & l'Election finie, seront tenus lesdits Consuls de reconduire l'un ou l'autre à la maison où ils auront été le prendre, à peine de 100. liv. d'amende & d'en être informé de l'autorité de la Cour à chaque contravention ; condamne lesdits Consuls & Communauté aux dépens. Pour ce est-il que nous, suivant ledit Arrêt &c. Données à Aix en nôtred. Parlement le 10. Juin l'an de grace 1731. & de nôtre Regne le 16°. Collationné par la Cour, *Signé*, Heraud. Et scellé.

<hr>

ARREST DU PARLEMENT

Qui soumet les Consuls du Lieu d'Eiragues à aller en Chaperon prendre le Juge ou son Lieutenant lors des Elections, & de le reconduire de même ; & lors des autres Conseils, de l'envoyer avertir par le Greffier qui l'accompagnera à l'Hôtel de Ville. Du 22. Avril 1732.

EXTRAIT DES REGISTRES DU PARLEMENT.

ENTRE les Consuls & Communauté du Lieu d'Eiragues, demandeurs en Requête & fins y contenues du 8. Janvier 1730. & défendeurs en autre contraire du 15. dudit mois & an, d'une part.

Et Messire Jean-Baptiste de Bionneau, Seigneur, Baron du Lieu d'Eiragues, défendeur & demandeur, d'autre.

B ij

LA COUR, oüi le Procureur Général du Roi, fans s'arrêter à la Requête des Confuls d'Eiragues, a ordonné & ordonne que lors des Elections du nouvel État, les Confuls iront en
Chaperon prendre le Juge du Lieu dans fa maifon, l'accompa-
gneront à l'Hôtel de Ville & le reconduiront de la même façon
à l'iffuë ; & qu'à l'égard des autres Confeils, les Confuls feront
tenus d'envoyer avertir le Juge par le Greffier qui l'accompagnera
à l'Hôtel de Ville, & qu'en cas d'abfence du Juge, les mêmes
honneurs feront rendus à fon Lieutenant, le tout à peine de
1000. liv. d'amende & d'en être informé de l'autorité de la Cour ;
condamne lefdits Confuls aux dépens en leur propre, fans pouvoir les rejetter fur le Corps de la Communauté , ordonne en
outre qu'il fera procedé à l'Election du nouvel État pour cette
année le Dimanche 4. Mai prochain. FAIT à Aix en Parlement
le 22. Avril 1732.

ARREST RENDU PAR LE PARLEMENT,
Entre Mr. le Baron de la Garde, Préfident en la Cour
des Comptes, & les Confuls du même Lieu, portant que
pour les Confeils ordinaires, les Confuls enverront pren-
dre le Juge, & à fon défaut, le Lieutenant, par un Con-
feiller de Ville. Du 22. Août 1733.

EXTRAIT DES REGISTRES DU PARLEMENT.

ENTRE Meffire Charles-Jofeph-Paul de Thomas, Seigneur,
Baron de la Garde & de Ste. Marguerite, Confeiller du Roi,
Préfident en la Cour des Comptes, demandeur en Requête du
13. Fevrier 1733. & en reception d'expedient du 12. du courant
d'une part.

Et les Confuls & Communauté dudit Lieu de la Garde, défendeurs, d'autre.

LA CHAMBRE, oüi le Procureur Général du Roi, ayant
aucunement égard à la Requête dudit de Thomas & à l'offre des
Confuls & Communauté dudit la Garde, enjoint aufdits Confuls
de mander prendre à l'avenir & lors des Confeils ordinaires, le
Juge, & à fon abfence ou empêchement, le Lieutenant de Juge,
par un Confeiller de Ville, pour affifter & autorifer le Confeil de la

Communauté, aux formes ordinaires, à peine de 100. liv. d'amende , dépens entre les Parties compensés. Publié à la barre du Parlement de Provence, tenant la Chambre des Vacations féant à Aix , le 22. Août 1733. Collationné, *Signé* , Deregina.

ARRÊTS

CONCERNANT LA POLICE.

ARREST DU PARLEMENT

Rendu en faveur du Corps de la Noblesse , qui maintient les Officiers du Lieu de Barbantane dans le droit de connoître des affaires concernant la Police. Du 2. Juin 1725.

LOÜIS par la grace de Dieu, Roi de France & de Navarre, Comte de Provence, Forcalquier & Terres adjacentes , à tous ceux qui ces présentes Lettres verront, SALUT. Procés auroit été mû pardevant nos amés & féaux Conseillers , les Gens tenant nôtre Cour de Parlement audit Païs, entre Messire Paul-François de Puget Cabasso le du Real, Seigneur de Ramatuelle , Peïpin , & en partie du Lieu de Barbantane , demandeur en Requête du 3. Octobre 1724. aux fins y contenuës , d'une part.

Et les sieurs Consuls & Communauté dudit Lieu de Barbantane , défendeurs , d'autre.

Et entre lesdits sieurs Consuls & Communauté de Barbantane , demandeurs en Requête contraire du premier Decembre audit an , d'une part.

Et ledit Messire Paul-François de Puget , défendeur , d'autre.

Et entre Me. Sebastien Villard, Avocat en la Cour , Me. Loüis de Ville , Notaire, Joseph-François Raoulx , Bourgeois dudit Lieu de Barbantane , leurs adherans, demandeurs en Requête du 3. Octobre dernier, aux fins y contenuës , d'une part.

Et lesd. sieurs Consuls & Communauté de Barbantane, défendeurs, d'autre.

Et entre lesdits sieurs Consuls & Communauté, demandeurs en

Requête contraire du premier Decembre audit an, d'une part.

Et lesdits M^{es}. Villard, de Ville, Raoulx & Brin, défendeurs, d'autre.

Et entre Mre. François Raoulx, Prêtre & Prieur de St. André de Brcgalame, apellant de Déliberation prise par les Consuls & Commissaires du Bureau de Police de Barbantane du 28. Juillet 1724. d'une part.

Et lesdits Consuls & Commissaires du Bureau de Police de Barbantane, intimés, d'autre.

Et entre Benoît Quilus, travailleur du même Lieu de Barbantane, apellant des Déliberations prises par lesdits Consuls & Commissaires dudit Bureau de Police de Barbantane, des 20. & 28. Juillet 1724. d'une part.

Et lesdits Consuls & Commissaires du Bureau de Police dudit Barbantane, intimés, d'autre.

Et entre Pierre Cuo, fils à feu Claude, ménager dudit Lieu de Barbantane, demandeur en Requête d'intervention & de jonction & autres fins, du 23. Fevrier 1725. d'une part.

Et lesdits Consuls & Communauté de Barbantane, Messire Paul-François de Puget, M^e. Sebastien Villard, Avocat, M^e. de Ville Notaire, & autres particuliers dudit Barbantane, défendeurs, d'autre.

Et entre lesdits Consuls & Communauté de Barbantane, demandeurs en reception d'expedient du 20. Mars 1725. d'une part.

Et ledit Cuo, défendeur, d'autre.

Et entre les sieurs Sindics du Corps de la Noblesse de cette Province, demandeurs en Requête d'intervention du 15. Mars 1725. d'une part.

Et lesdits Consuls & Communauté de Barbantane, le sieur de Puget, M^e. Villard Avocat, M^e. de Ville Notaire, & autres particuliers du même Lieu, défendeurs, d'autre.

Et entre ledit Messire Raoulx, Prêtre, demandeur en Requête incidente du 19. Avril dernier aux fins y contenuës, d'une part.

Et lesdits Consuls & Commissaires du Bureau de Police dudit Barbantane, défendeurs, d'autre.

Et entre ledit Quilus, demandeur en Requête incidente du 20. dudit mois d'avril aux fins y contenuës, d'une part.

Et lesdits Consuls & Commissaires du Bureau de Police dudit Barbantane, défendeurs, d'autre.

Auquel Procès, tant y auroit été procedé que vû par nôtre Cour, &c.

OUI le raport de nôtre amé & feal Conseiller en nôtredite

Cour, M^e. Pierre de Martiny, Seigneur de St. Jean, Commiſſaire en cette partie député, tout conſideré : Sçavoir faiſons que nôtredite Cour par ſon Arrêt du jour & datte des preſentes, faiſant droit ſur toutes les fins & concluſions des Parties, ſans s'arrêter à la Requête incidente dudit Raoulx du 19. Avril dernier, dont l'a démis & débouté, a mis ſon apellation envers la Déliberation du 28. Juillet dernier au néant, ordonne qu'icelle tiendra & ſortira ſon plein & entier effet ; condamne ledit Raoulx à l'amende moderée à 12. liv. & aux dépens de cette qualité, à laquelle la Cour déclare avoir vacqué deux entrées & demi ; & avant dire droit à l'apel dudit Benoit Queilus envers les Déliberations des 20. & 28. Juillet auſſi dernier, & à ſa Requête incidente du 20. Avril dernier, ordonne qu'à la diligence, frais & dépens des Conſuls & Communauté de Barbantane, les nommés Pierre Jean, Capitaine de Ville, François-Martin Boudar, & le fils d'Antoine Mercurin, feront aſſignés dans la quinzaine préciſement, pour être oüis d'office par le Commiſſaire Raporteur du preſent Arrêt, pour leurs réponſes vües & les parties plus amplement oüies, leur être définitivement fait droit au raport du même Commiſſaire, les procedures ja faites tenant, dépens de cette qualité reſervés, en laquelle la Cour déclare avoir vacqué deux entrées & demi ; & de même ſuite, faiſant droit à la Requête dudit de Puget du 3. Octobre dernier, & au chef de la Requête dudit Villard & ſes adherans du même jour & an, concernant les mêmes fins priſes par ledit de Puget dans ſa Requête, comme auſſi à la Requête d'intervention des Sindics du Corps de la Nobleſſe du 15. Mars dernier, ayant tel égard que de raiſon à l'opoſition formée par leſdits Sindics envers l'homologation du Réglement dont il s'agit du 24. Juin 1724. en interprétant l'article dudit Réglement & dont eſt queſtion, ſans s'arrêter à la Requête contraire de la Communauté du premier Decembre dernier, a maintenu & maintient les Officiers dudit Lieu de Barbantane dans le droit de connoître des affaires concernant la Police, & notamment des contraventions faites aux Réglemens faits à ce ſujet, & en conſéquence a ordonné & ordonne que le Réglement dont il s'agit ſera exécuté ſuivant ſa forme & teneur, en exécution & en conformité du ſuſd. Arrêt d'homologation, avec cette reſtriction néanmoins, que les contrevenans audit Réglement, feront dénoncés par les Commiſſaires que la Communauté nomme, & à leur défaut, par le Procureur Juriſdiétionnel dudit Lieu au Juge de Barbantane, lequel ſans frais déclarera la peine encouruë, le cas écheant, & apliquera le tiers des amendes audit Procureur Juriſdiétionnel & les autres deux tiers au Corps de ladite Communauté, dont le Tréforier fera chargement dans le compte; ordonne en outre ladite Cour auſd. Commiſſaires, de faire exécuter avec égalité & fans aucune exception, les Ordonnances du Juge, fans la permiſſion duquel & des Commiſſaires qui feront en fonction, les Païſans de Barbantane ne pourront aller travailler hors du Terroir dudit Barbantane, condamne leſd. Conſuls & Communauté aux dépens de cette qualité envers ledit de Puget & les Sindics du Corps de la Nobleſſe, en laquelle la Cour déclare avoir vacqué trois entrées; & en ce qui eſt des autres fins priſes par ledit Villard & ſes adherans dans leurdite Requête, ayant tel égard que de raiſon à la Requête contraire de la Communauté du premier Decembre dernier, a mis & met fur leſdites fins leſdits Conſuls & Communauté hors de Cour & de Procès, condamne ledit Villard & ſes adherans à tous les dépens de cette qualité, en laquelle la Cour déclare avoir vacqué deux entrées; & en ce qui eſt de la qualité concernant led. Pierre Cuo & ladite Communauté, ordonne que les Parties feront plus amplement ouïs pardevant le Commiſſaire ja député, pour, à fon raport, leur être définitivement fait droit, les dépens de l'inſtance de cette qualité réſervés; & fur toutes les autres fins & concluſions des Parties, les a miſes reſpectivement hors de Cour & de Procès fans dépens, pour ce eſt-il que nous, ſuivant ledit Arrêt &c. Données à Aix en nôtredit Parlement le 2. Juin l'an de grace 1725. & de nôtre Regne le 10e. Collationné par la Cour Signé, Heraud. Dûement ſcellé.

ARREST DU PARLEMENT

Obtenu par Meſſieurs les Sindics du Corps de la Nobleſſe, contre Mr. d'Emenjaud de Neoulles, Viguier de Draguignan, qui lui permet de faire la viſite des poids & meſures ſeulement dans les Villes Royales de la Viguerie de Draguignan. Du 16. Mai 1727.

EXTRAIT DES REGISTRES DU PARLEMENT.

ENTRE les ſieurs Sindics du Corps de la Nobleſſe de cette Province, demandeurs en Requête du premier Mars 1725. en revocation d'Arrêt fur Requête du 7. Juillet 1724. d'une part.

Et

Et Noble Marc-Antoine d'Emenjaud, Viguier pour le Roi en la Viguerie de Draguignan, défendeur, d'autre.

Vû par la Cour le Procès d'entre lesdites parties, &c. Oüi le raport de Me. Jean-Hyacinthe de Villeneufve, Baron d'Anſoüis, Seigneur de Bras, Eſtoublon & Bellegarde, Conſeiller du Roi en la Cour, Commiſſaire en cette partie député; tout conſideré.

LA COUR faiſant droit à la Requête deſdits Sindics, du premier Mars 1725. a révoqué & révoque l'Arrêt du 7. Juillet 1724. & dont s'agit quant à ce, & au moyen de ce, a ordonné & ordonne, qu'il ſera exécuté ſeulement dans la Ville de Draguignan & autres Villes & Lieux de ſa Viguerie où le Roi a la Juſtice, dépens entre les Parties compenſés. Publié à la barre du Parlement de Provence ſéant à Aix, le 16. Mai 1727. Collationné, *Signé*, Regibaud.

ARREST D'EXPEDIENT

Intervenu entre Mr. de Galiffet, Seigneur du Tholonet, la Dame de Berulle, Abbeſſe de St. Barthelemi, Dame de Meyruëil, & les Prieurs des menus Métiers de cette Ville d' Aix, la Nobleſſe y étant en qualité; par lequel Arrêt il a été jugé que les Artiſans peuvent travailler dans les Villages & Terroirs des Fiefs des Seigneurs, ſans que les Prieurs des Arts & Métiers des Villes voiſines puiſſent les troubler, ſous prétexte qu'ils ont la jurande.

Du 16. Juin 1731.

EXTRAIT DES REGISTRES DU PARLEMENT.

ENTRE les Prieurs des menus Mêtiers d'Aix, demandeurs en Requête du 23. Septembre 1730. d'une part.

Et Joſeph Deidier, ci-devant Marchand Quinquaillier de la même Ville, reſidant à Marſeille, défendeur, d'autre.

Et entre Meſſire Nicolas de Galiffet, Seigneur du Tholonet, Chevalier de l'Ordre Militaire St. Loüis, Lieutenant des Vaiſſeaux de Sa Majeſté, Capitaine de compagnie franche au département de la Marine, & Dame Anne de Berulle, Abbeſſe du

Monaſtere Royal St. Barthelemi dudit Aix, Dame de Meiruëil, demandeurs en Requête du 2. Avril 1731. d'une part.

Et leſdits Prieurs, défendeurs, d'autre.

Et entre les ſieurs Sindics du Corps de la Nobleſſe de cette Province, demandeurs en Requéte du 9. du même mois d'Avril, d'une part.

Et leſdits Prieurs, défendeurs, d'autre.

APOINTÉ eſt du conſentement des parties ; oüi le Procureur Général du Roi, que la Cour ayant aucunement égard auſd. Requétes, a maintenu ledit Deidier & autres qui travailleront de l'Art deſdits menus Métiers & de tous autres Arts & Métiers, au droit & liberté d'exercer leſdits Arts & Métiers dans les Villages & Terroirs des Fiefs des Seigneurs de cette Province, & notamment dans les Terroirs du Tholonet & de Meiruëil, & au moyen de ce, a fait très-expreſſes inhibitions & défenſes auſd. Prieurs & à tous autres qu'il apartiendra, de troubler ledit Deidier & autres Artiſans dans ledit droit & liberté, à peine de 500. livres, dépens, dommages, interêts, & d'être informé ſur les contraventions ; & néanmoins fait pareilles inhibitions & défenſes aud. Deidier & à tous autres qui ne ſeront pas reçûs dans le Corps des menus Métiers, de venir vendre, faire commerce, fabriquer, ou faire fabriquer dans cette Ville d'Aix & ſon Terroir les marchandiſes & ouvrages dudit Métier qu'ils auront fabriqué ou fait fabriquer, à peine de confiſcation deſdites marchandiſes & ouvrages, de 500. liv. & d'être informé ſur les contraventions, & à ces fins permis auſdits Prieurs de faire ſaiſir les marchandiſes & ouvrages qui ſeront en contravention par tout où ils ſe trouveront, *etiam manu militari* ſi beſoin eſt, & de faire dans ladite Ville ou ſon Terroir pour la découverte deſdites contraventions, toutes les viſites & perquiſitions néceſſaires aux formes de droit, le tout ſuivant la tranſaction en forme de Statut, Arrêt d'homologation d'icelle rendu par ladite Cour le 23. Septembre 1730. & autres droits acquis auſdits Métiers ; condamne leſdits Prieurs aux dépens envers toutes les parties. FAIT au Greffe civil du Parlement de Provence ſéant à Aix, le 16. Juin 1731. Collationné, *Signé*, Deregina.

ARRÊTS

CONCERNANT LE POINT DE JURISDICTION.

ARREST RENDU PAR LE PARLEMENT
Entre Mr. le Comte de Carces & le Procureur du Roi au
Siége de Brignolle, la Noblesse y étant en qualité; par le-
quel Arrêt il a été jugé qu'un vol nocturne n'est pas cas
Royal ni Prevôtal, lorsqu'il n'a été accompagné d'au-
cune violence publique, ni d'aucune effraction exterieure,
& qu'il est par conséquent de la connoissance des Juges des
Seigneurs.

Du 30. Octobre 1732.

EXTRAIT DES REGISTRES DU PARLEMENT.

ENTRE Dame Anne-Marie-Therese de Simiane de Gordes,
Marquise de Rhodes, Curatrice honoraire de Messire Jacques
de Simiane, Comte de Carces, prenant le fait & cause en main
de son Procureur Jurisdictionnel dudit Lieu, demandeur en Requête du 6. Novembre 1731. d'une part.

Et le Procureur du Roi au Siége de la Ville de Brignolle, défendeur, d'autre.

Et entre les Sindics du Corps de la Noblesse de cette Province, demandeurs en Requête d'intervention du 9. Janvier 1732.
d'une part.

Et ladite Dame Marquise de Rhodes, & le Procureur du Roi
au Siége de la Ville de Brignolle, défendeur, d'autre.

Et entre le Procureur du Roi au Siége de la Ville de Draguignan, demandeur en autre Requête d'intervention du 21. Janvier
1732. d'une part.

Et ladite Dame Marquise de Rhodes, le Procureur du Roi au
Siége de Brignolle & les Sindics de la Noblesse de la Province,
défendeurs, d'autre.   C ij

Et entre le Procureur du Roi au Siége de la Ville de Brignolle, demandeur en Requête incidente du 27. Octobre 1732., tendante à faire défense aux Officiers de Carces de connoître des Cas Royaux, d'une part.

Et ladite Dame Marquise de Rhodes, défenderesse, d'autre.

LA COUR, oüi le Procureur Général du Roi, faisant droit sur toutes les fins & conclusions des Parties, ayant égard à la Requête de ladite de Simiane & à celle des Sindics de la Noblesse, a cassé & casse la procedure prise par le Lieutenant de Brignolle contre les Officiers de Carces & d'Antoine, ensemble les decrets & tout ce qui s'en est ensuivi ; ordonne que celle prise sur le vol dont s'agit, tant par les Officiers de Carces que par ledit Lieutenant, sera renvoyée au Juge dudit Lieu, autre que celui qui a procedé, pour être le Procès fait & parfait aux coupables jusqu'à Sentence définitive inclusivement ainsi qu'il apartiendra ; condamne le Substitut au Siége de Brignolle aux dépens, tant envers lad. de Simiane que les Sindics de la Noblesse ; & de même suite, sans préjudice du droit des Parties, ordonne que sur la Requête incidente dudit Substitut au Siége de Brignolle, les Parties seront plus amplement oüies au raport de Me. de Boutassi, Conseiller du Roi ; & sur la Requête du Substitut au Siége de Draguignan, ordonne qu'elle sera jointe au Procès entre les deux Substituts, pour, au raport du Commissaire ja député, être fait droit aux Parties ainsi qu'il apartiendra par raison, dépens de cette qualité reservés ; ordonne qu'à la diligence du Procureur Général du Roi, le Lieutenant de Brignolle sera assigné pour répondre sur ce dont il sera enquis & interrogé par ledit Commissaire, pour ce fait, communiqué audit Procureur Général, & raporté, être ordonné ce qu'il apartiendra. FAIT à Aix en Parlement le 30. Octobre 1732. Collationné, *Signé*, Martin.

ARREST DU PARLEMENT

Rendu à la pourſuite du Seigneur du Lieu de Graveſon, la Nobleſſe y étant en qualité ; par lequel Arrêt on a caſſé, par incompetence, une Procedure qui avoit été priſe par le Lieutenant d'Arles ſur une querelle ſurvenuë audit Lieu de Graveſon, entre divers particuliers de Taraſcon & de Barbantane, à occaſion des exercices de la Lutte & de la Courſe, le jour de la fête du Lieu.

Du 17. Avril 1733.

EXTRAIT DES REGISTRES DU PARLEMENT.

ENTRE Loüis Nicolas, Maître Marêchal à forge du Lieu de Graveſon, apellant de decret de ſoit informé, & d'autre decret d'ajournement perſonnel, & de toute la procedure priſe par le Lieutenant criminel au Siége de la Ville d'Arles, d'une part.

Et Jacques Amiel & Antoine Reboul du Lieu de Barbantane, en qualité de peres & legitimes adminiſtrateurs de Jean-François Amiel & d'autre Antoine Reboul, intimés, d'autre.

Et entre Meſſire André de Clemens, Chevalier, Seigneur de Caſtellet & de Graveſon, prenant le fait & cauſe en main de ſon Procureur Juriſdictionel, demandeur en Requête d'intervention du 7. Mars 1733. d'une part.

Et leſdits Nicolas, Amiel & Reboul, défendeurs, d'autre.

Et entre les ſieurs Sindics de la Nobleſſe de cette Province, demandeurs en Requête d'intervention & fins y contenuës, du 12. dudit mois de Mars, d'une part.

Et leſdits Amiel & Reboul, défendeurs, d'autre.

LA COUR, oüi le Procureur Général du Roi, a reçû l'expedient offert par les Parties de Berthot, au chef concernant la procedure du Lieutenant d'Arles avec dépens envers toutes les parties ; & ſur le ſurplus du même expedient, ordonne que les parties de Berthot & celles de Michel en viendront au premier jour. Fait à Aix en Parlement le 18. Avril 1733. Par lequel expedient du 17. Avril dernier : ENTRE Loüis Nicolas, Maréchal à forge du Lieu de Graveson, apellant de decret de soit informé, de celui d'ajournement personnel & de toute la procedure criminelle contre lui faite par le Lieutenant Criminel au Siége de la Ville d'Arles, d'une part : Et Jacques Amiel & Antoine Reboul du Lieu de Barbantane, en qualité de peres & legitimes administrateurs de Jean-François Amiel & de Joseph Reboul, intimés, d'autre. Et entre lesdits Jacques Amiel & Antoine Reboul aux susdites qualités, & Antoine Durieu, dit Coquille, dudit Barbantane, apellans de decret de prise de corps contre eux décernés par le Juge dudit Graveson, le 11. Septembre 1732. d'une part : Et ledit Loüis Nicolas, intimé, d'autre. Et entre Messire André de Clemens, Chevalier, Seigneur de Castellet, Marquis de Graveson, premier Procureur de ce Païs, prenant le fait & cause de son Procureur Jurisdictionnel, & les sieurs Sindics du Corps de la Noblesse de cette Province, demandeurs en Requêtes d'intervention aux fins y contenües, des 7. & 12. Mars dernier, d'une part : Et lesdits Jacques Amiel & Antoine Reboul comme precedent, défendeurs, d'autre. Et entre lesdits Amiel & Reboul & Antoine Durieu, incidemment apellans de decret de soit montré rendu par ledit Juge de Graveson le 17. Septembre 1732. d'une part : Et ledit Loüis Nicolas, intimé, d'autre.

Apointé est du consentement des Parties, sur ce oüi le Procureur Général du Roi, que la Cour faisant droit aux Requêtes dudit de Graveson & des Sindics de la Noblesse, a mis l'apellation dudit Nicolas & ce dont est apel au néant, & par nouveau Jugement a déclaré les decrets de soit informé & d'ajournement personnel rendus par le Lieutenant d'Arles, & tout ce qui s'en est ensuivit, nul, & comme tel, cassé; condamne lesdits Amiel & Reboul aux qualités qu'ils procedent, aux dépens de cette qualité envers toutes les Parties : Et en ce qui est des apellations desdits Amiel, Reboul & d'Antoine Durieu des decrets de prise de corps décernés par le Juge de Graveson le 11. Septembre 1732. de celui de soit montré du 19. du même mois, a mis icelles & ce dont est apel au néant, & par nouveau Jugement a cassé & cassé le decret envers Joseph Reboul, a commué en decrets d'assigné ceux décernés contre Jean-François Amiel & Antoine Durieu, & à cet effet a renvoyé les Parties & matiere pardevant le Juge dud. Graveson, autre que celui qui a jugé, pour y poursuivre, tant sur la procedure dudit Nicolas, que pour informer & juger sur la plainte desdits Amiel, Reboul & Durieu, le raport du Chirurgien qui a visité les particuliers de Barbantane tenant; condamne ledit Nicolas aux dépens de cette qualité. F a i t au Greffe criminel du Parlement de Provence féant à Aix , le 17. Avril 1733. Collationné , *Signé* , Martin.

A R R E T S

CONCERNANT LA FORME DES PAYEMENS

DES CENSES EN BLED·

ARREST DU PARLEMENT

Au sujet du Bled de Cense.

Du 3. Avril 1727.

L O Ü I S par la grace de Dieu , Roi de France & de Navarre, Comte de Provence, Forcalquier & Terres adjacentes, au Lieutenant de Sénéchal au Siége de nôtre Ville de Brignolle, S a l u t. Procès auroit été mû pardevant nos amés & féaux les Gens tenant nôtre Cour de Parlement audit Païs.

Entre Me. Jean-Baptiste-Benoit Reboul , nôtre Conseiller & premier Avocat au Siége général de cette Ville d'Aix , apellant de Sentence renduë par le Lieutenant de Sénéchal au Siége de Brignolle , le 3. Decembre 1725. d'une part.

Et sieur Jean-Antoine Savournin , Bourgeois de cette Ville d'Aix, Fermier de l'Archevêché de cette même Ville , intimé , d'autre.

Et entre ledit Me. Reboul ,' demandeur en Requête incidente du 11. Mars 1727. tendante à être reçû recourant à la Cour comme arbitre de droit du chef du dernier Raport , pour faire rejetter la Déclaration avec dépens, fins y contenuës, d'une part.

Et ledit sieur Savournin, défendeur, d'autre.

Auquel Procès, tant y auroit été procédé que , vû par nôtred. Cour le Procès d'entre lesdites Parties , au fac dudit Savournin, l'extrait de la Sentence dont est apel renduë par ledit Lieutenant

dudit jour , enfemble toutes les pieces mentionnées au vû d'icelle , par laquelle il eft ordonné que faifant droit fur toutes les fins
& conclufions des Parties , ledit M^e. Reboul recourira fi bon lui
femble dans la quinzaine précifement du dernier Raport du 10.
Juillet 1724. à Experts convenus, autrement pris d'office, & faute de ce faire dans ledit tems, icelui paffé, dès maintenant comme pour lors, fans s'arrêter à fa Requête du 3. Septembre 1722.
ni à fon exploit libellé du 6. Novembre fuivant , non plus qu'à
fon offre & dépôt, dont l'auroit demis & débouté, l'auroit condamné à payer au fieur Savournin 2. charges 4. panaux & 2.
pognadieres Bled , pour deux années de la Cenfe dont s'agit , à
raifon d'une charge deux panaux & une pognadiere chaque année,
fuivant la reconnoiffance paffée par les Auteurs dudit M^e. Reboul , & c'eft avec plus-valuë & interêts puis le jour du raport
des marchés que ledit Savournin choifira dans l'année de chaque
échéance , qui fervira de fixation à ladite plus-valuë; laquelle option il fera lors de la fignification de ladite Sentence , &c. Au
fac dudit M^e. Reboul , lettres d'apel de ladite Sentence , &c. Oüi
le raport de nôtre amé & feal Confeiller en nôtredite Cour , M^e.
Jacques-Jofeph de l'Eftang de Parades , Commiffaire en cette partie député : tout confideré.

SSÇAVOIR faifons que nôtredite Cour par fon Arrêt du jour
& datte des prefentes , fans s'arrêter à la Requête incidente dud.
Reboul du 11. Mars dernier , dont l'a demis & débouté, a mis
l'apellation au néant , ordonne que ce dont eft apel tiendra &
fortira fon plein & entier effet, a renvoyé les Parties & matiere
au Lieutenant pour faire exécuter fa Sentence fuivant fa forme
& teneur , condamne l'Apellant à l'amende moderée à 12. liv.
& aux dépens. Pour ce eft-il que nous, fuivant ledit Arrêt & à
la Requête dudit fieur Savournin , Bourgeois de cette Ville d'Aix,
Fermier de l'Archevéché de cette même Ville , en renvoyant à
voufd. Lieutenant, &c. Données à Aix en nôtred. Parlement le
3. Avril l'an de grace 1727. & de nôtre Regne le 12e. Collationné par la Cour , *Signé*, Heraud. Et fcellé.

JUGEMENT

JUGEMENT RENDU PAR LA CHAMBRE DES
Requêtes du Palais, près le Parlement de Provence, & Arrêt du Parlement de Dauphiné sur l'appel, intervenus les 13. Juin 1731. & 3. Août 1733. entre Mr le Vicomte de Valernes & sieur Jacques Reimond.

Ce Jugement & cet Arrêt ont jugé que les Censes doivent être payées avec intérêts ou plus value ; qu'elles doivent être portées au Château des Seigneurs, à moins qu'il n'y ait titre contraire ; & que le bled dont on paye les Censes doit être de la qualité du bled de Cense, c'est-à-dire du plus beau bled qui soit cru dans le terroir du Lieu où la Cense est établie, ainsi qu'il est porté par les actes de notorieté, expediés par Messieurs les Gens du Roi du Parlement & ceux de la Cour des Comptes de Provence.

LES Présidens & Conseillers du Roi en la Cour de Parlement de Provence tenant la Chambre des Requêtes du Palais &c.

Entre Messire Jean-Etienne de Bernardi, Vicomte de Valernes, demandeur aux fins de l'exploit libellé du 5. Juillet 1730. d'une part.

Et sieur Jacques Reimond, Bourgeois du Lieu de la Motte, défendeur, d'autre.

Et entre ledit sieur Reimond, demandeur en Requête incidente, tendante à ce que la rente ou redevance dont s'agit soit déclarée querable, & autres fins y contenues, du 7. Mars 1731. & en reception d'expedient, d'une part.

Et ledit Messire de Bernardi, défendeur, d'autre.

Et entre ledit Messire de Bernardi, demandeur en Requête incidente, tendante à ce que ledit sieur Reimond soit condamné au payement de la Cense échue pendant Procès & à l'avenir *semel pro semper* avec dépens du 23. Avril 1731. d'une part.

Et ledit sieur Reimond, défendeur, d'autre.

Vû le Procès d'entre les Parties, au sac dudit sieur Vicomte de Valernes &c.

SÇAVOIR faisons que la Cour par son Jugement du jour & datte des presentes, sans s'arrêter à la Requête incidente du sieur Reimond, du 7. Mars 1731. dont elle l'a démis & débouté, faisant droit à l'exploit libellé dudit de Bernardi du 5. Juillet 1730.

D

& à fa Requête incidente du 23. Avril dernier, condamne Reimond au payement en efpeces de 6. charges 4. panaux 2. civadiers bled froment & de 20. panaux 2. civadiers efpeaute ou gros grain, pour le prorata du fervice ou cenfe dont il s'agit, depuis le premier Septembre 1729. jufqu'aux fêtes de la Noël de la même année, comme auffi à 10. charges bled froment & 37. panaux & demi efpeaute pour la paye échûë aux fêtes de la Noël dernieres, avec interêts ou plus valuë, fuivant la liquidation qui en fera faite par Experts, portée & renduë ladite Cenfe au Chateau dud. Valernes aux frais dudit Reimond, & de la qualité du bled de Cenfe, & à continuer à l'avenir *femel pro femper* à chaque échéance ; condamne ledit Reimond aux dépens. Pour ce eſt-il que nous. fuivant ledit Jugement, & à la Requête de &c. Données au Parlement de Provence, tenant la Chambre des Requêtes du Palais féant à Aix le 13°. jour du mois de Juin de l'année 1731. Par mefd. Seigneurs, *Signe*, Aune.

ARREST DU PARLEMENT DE GRENOBLE

Rendu entre les mêmes Parties fur l'apel dudit Jugement.

LOÜIS, par la grace de Dieu, Roi de France & de Navarre, Dauphin de Vienois, Comte de Valentinois, Dvois, à tous ceux qui ces prefentes verront, SALUT. Sçavoir faifons que Procès auroit été mû & intenté pardevant nôtre Cour de Parlement, Aides & Finances de Dauphiné.

Entre Jacques Reimond, Bourgeois du Lieu de la Motte, évoquant du Parlement de Provence, & au principal apellant du Jugement de la Chambre des Requêtes du Palais près ledit Parlement, du 13. Juin 1731. d'une part.

Et Mre. Jean-Etienne de Bernardi, Vicomte de Valernes, intimé, d'autre.

Et entre ledit Reimond, demandeur en Requête tendante à ce qu'au moyen des offres qu'il fait de payer les arrérages de la rente dont s'agit, échûs depuis le premier Septembre 1729. fans interêt ni plus valuë, ladite rente foit déclarée querable à perpetuité dans les Moulins dont s'agit, & payable en gros bled *five* efpeaute & en bled froment marchand & recevable provenant de la mouture defdits moulins, & que ledit de Bernardi foit condamné aux dépens des inftances, fuivant les fins & conclufions prifes en fes écritures du 4. Mars prefente année, d'une part.

Et ledit de Bernardi, défendeur, d'autre.

Et entre ledit Reimond, demandeur en Requête tendante à ce qu'au cas que la preuve de l'ufage dont s'agit foit néceffaire, il foit ordonné avant dire droit que ledit Reimond verifiera par toute forte & maniere de preuve, que depuis un tems immemorial la rente dont s'agit a été prife aux moulins par le Seigneur dudit Valernes, ou fes ayant caufe, fauf audit de Bernardi la preuve contraire fi bon lui femble, pour être dit droit aux parties, & que ledit de Bernardi foit condamné aux dépens de la qualité interloquée depuis fon injufte refus de confentir à ladite preuve de l'ufage immemorial, fuivant les fins & conclufions prifes en fes écritures du 4. Mars prefente année, d'une part.

Et ledit de Bernardi, défendeur, d'autre.

Et entre ledit de Bernardi, apellant quant à ce du même Jugement des Requêtes du Palais, & en conféquence demandeur en Requête, tendante à ce que l'apellation émuë par ledit Reimond foit mife au néant, & qu'il foit ordonné que ce dont a été apellé fortira à effet avec renvoi, dépens & amende, & au furplus faifant droit fur l'apellation interjettée par ledit de Bernardi, à ce que lad. apellation & ce dont a été apellé foit mis au néant, & en conféquence que ledit Reimond foit condamné à payer & porter à fes frais au Chateau de Valernes 10. charges bled froment & 37. panaux & demi efpeaute, pour la paye du Cens échuë à la St. Jean-Baptifte 1730. de la qualité de bled de Cenfe, avec plus-valuë ou interêts, fuivant la liquidation qui en fera faite par Experts, & qu'il foit en outre condamné aux dépens de cette qualité, fuivant les fins & conclufions prifes en fes écritures du 28. Mars dernier, & en fon mémoire imprimé du 11. Mai auffi dernier, jointes au Procès par Ordonnance de nôtredite Cour du 28. Mars dernier & 10. Juillet prefente année, d'une part.

Et ledit Reimond, défendeur, d'autre.

Et entre ledit Reimond, demandeur en Requête incidente, à ce que l'apellation & ce dont a été apellé foit mis au néant, & par nouveau Jugement, au moyen des offres par lui faites de payer au moulin & en bled de mouture marchand & recevable, tous les arrérages échûs jufqu'à prefent de la rente dont s'agit, & de continuer à l'avenir de la payer de la même maniere moitié à la Noël & moitié à la Saint Jean, il foit mis hors de Cour & de Procès fur les plus amples fins & conclufions dudit de Bernardi, & que la faifie du 5. Juillet 1730. foit déclarée nulle & de nul effet, & comme telle caffée, avec dommages & interêts, à la liquidation d'Experts, & qu'il foit ordonné que ledit Reimond ne fera tenu de payer à l'avenir que deux fols tournois pour chacun des fix gros impofés annuellement fur les moulins dont s'agit, du moins par provifion, & que ledit de Bernardi foit condamné aux dépens, fuivant les fins & conclufions prifes en fon avertiffement imprimé du 17. Juin dernier & écritures du 29. Juillet prefente année, jointes au Procès par Ordonnances de nôtredite Cour des 10. & 29. dudit mois de Juillet, d'une part.

Et ledit de Bernardi, défendeur, d'autre.

Et entre ledit Reimond, demandeur fubfidiairement en Requête incidente, à ce que fans préjudice du droit des Parties & des preuves refultantes du Procès, il lui foit permis de raporter preuve dans le mois, tant par actes que par temoins pardevant le premier gradué à ces fins commis, que de tout tems immemorial la rente dont s'agit a été payée au moulin & en bled de mouture, & que les proprietaires de ladite rente l'ont toûjours prife ou envoyée prendre au moulin, fauf audit de Bernardi la preuve au contraire dans femblable délai, & pour l'infiftance au contraire ledit de Bernardi foit condamné aux dépens, fuivant les fins & conclufions prifes en fon avertiffement imprimé du 17. Juin dernier & écritures du 29. Juillet prefente année, jointes au Procès par Ordonnances des 10. & 29. dudit mois de Juillet, d'une part.

Et ledit de Bernardi, défendeur, d'autre.

Et entre ledit Reimond, demandeur en Requête tendante à ce que les certificats produits par ledit de Bernardi foient rejettés du Procès, fuivant les fins & conclufions prifes en fes écritures du 29. Juillet prefente année, jointes au Procès par Ordonnance de nôtredite Cour du même jour, d'une part.

Et ledit de Bernardi, défendeur, d'autre.

Et entre ledit de Bernardi, demandeur en Requête tendante à ce que fans s'arréter aux fins fubfidiaires dudit Reimond ni en fa demande en caffation de faifie & dommages interêts, il foit mis hors de Cour & de Procès à cet égard, & que fes précedentes fins lui foient adjugées; & en ce qui concerne l'évaluation des fix gros à deux fols tournois pour chaque gros, à ce que les Parties foient renvoyées à nôtre Chambre des Requêtes du Parlement d'Aix pour leur être pourvû ainfi qu'il apartiendra, & que ledit Reimond foit condamné à tous les dépens, fuivant les fins & conclufions prifes en fa réplique imprimée du 9. Juillet prefente année, jointe au Procès par Ordonnance de nôtred. Cour du 10. du même mois, d'une part.

Et ledit Reimond, défendeur, d'autre.

Et entre ledit Reimond, demandeur subsidiairement en Requête tendante à ce qu'il soit enjoint audit de Bernardi d'exhiber ou produire tous ses anciens titres concernant les Moulins & la rente qu'ils font, suivant les fins & conclusions prises en ses écritures du 20. Juillet présente année, jointe au Procès par Ordonnance de nôtred. Cour du même jour, d'une part.

Et ledit de Bernardi, défendeur, d'autre.

Et entre ledit Reimond, demandeur en homologation d'Expédient signifié le 3. du présent mois d'Août, suivant les fins prises en ses écritures du même jour, jointes au Procès par Ordonnance de nôtred. Cour du même jour, d'une part.

Et ledit de Bernardi, défendeur, d'autre.

Vû par nôtred. Cour l'extrait du Jugement rendu par la Chambre des Requêtes du Palais de nôtre Cour de Parlement de Provence le 13. Juin 1731. ensemble toutes les pieces, procedures & formalités sur lesquelles il est intervenu & qui sont énoncées dans le vû d'icelui ; ledit Jugement intimé audit Jacques Reimond par exploits des 14. Juillet & 7. Août 1731. avec les réponses dud. Reimond au bas d'iceux, contenant sa déclaration d'apel dudit Jugement : Vû de la part dudit Reimond la Cedule de sa présentation faite au Greffe de nôtredite Cour de Parlement d'Aix le 15. Octobre 1731. une Procuration passée par ledit Reimond le 26. Novembre 1731. aux fins de présenter une Cedule évocatoire ; Cedule évocatoire dud. Reimond, signifiée aud. de Valernes en la personne de son Procureur, par exploit du 20. Decembre 1731. avec la réponse au bas dud. Procureur, qui consent à l'évocation ; les Lettres d'évocation obtenuës par ledit Raimond le 5. Fevrier 1732. intimées audit de Valernes par exploit du 20. dudit, contenant assignation pardevant nôtredite Cour de Parlement de Dauphiné, pour proceder sur l'apel dudit Raimond ; acte de la présentation dudit Raimond faite au Greffe de nôtredite Cour par Barneoud son Procureur le 27. Mai 1732. &c. Certificat donné par nos Avocats & Procureurs Généraux en nôtredite Cour de Parlement de Provence le 5. Mai 1732. portant que l'usage de nôtredite Province est que le bled dont on paye les Censes établies en faveur des Seigneurs, est du plus beau qui soit crû dans le terroir du lieu où la Cense est établie, à la difference du bled dont on paye les pensions ou rentes, & que l'usage est encore que lesd. Censes doivent être portées & renduës dans les Chateaux des Seigneurs, à moins qu'il n'y ait titre contraire ; autre Certificat donné par nos Avocats & Procureurs Généraux en nôtre Cour des Comptes, Aides & Finances en Provence, conforme au ci-deſſus, en datte du 8. Mai 1732. &c. & généralement tout ce qui a été produit & remis par les Parties : Oüi ſur ce le Raport de nôtre amé féal François Copin de Comiers, nôtre Conſeiller en nôtredite Cour, Commiſſaire à ce député, le tout conſideré.

NÔTREDITE COUR faiſant droit ſur l'apellation dud. Bernardi, a mis lad. apellation & ce dont eſt apel au néant quant à ce, & par nouveau Jugement a condamné ledit Reimond à payer & porter à ſes frais au Chateau de Valernes, dix charges bled froment, trente-ſept panaux & demi bled eſpeaute pour la paye du Cens dont s'agit, échûë à la fête de St. Jean-Baptiſte 1730. de la qualité du bled de Cenſe, avec plus valuë ou inté-rêts, ſuivant la liquidation qui en ſera faite par Experts aux for-mes ordinaires ; ordonne que l'amende conſignée pour ladite apel-lation ſera reſtituée ; & au ſurplus, ſans s'arrêter à la demande dudit Reimond en caſſation des ſaiſies & en dommages & inté-rêts dont elle l'a débouté, & à l'expedient dudit Reimond, a mis l'apellation dud. Reimond au néant, ordonne que ce dont eſt apel ſortira à effet, a renvoyé les cauſes & Parties à lad. Chambre des Re-quêtes pour mettre ledit Jugement à exécution, & ainſi qu'elle verra à faire, même pour être pourvû aux parties ſur l'évaluation des ſix gros dont s'agit ; & ſur les autres fins & conclusions des Parties, les a mis hors de Cour & de Procès, & condamne le-dit Reimond à l'amende moderée à douze livres & aux cinq ſixié-mes des dépens de la cauſe d'apel, enſemble en tous ceux des en-trées, épices & expedition du preſent Arrêt, l'autre ſixiéme deſd. dépens compenſés : Si donnons commandement au premier nô-tre Huiſſier ou Sergent requis, à la Requête dudit ſieur de Ber-nardi, mettre le preſent Arrêt à dûë & entiere exécution de point en point ſelon ſa forme & teneur à l'encontre de tous ceux qu'il apartiendra, en contraignant réellement & de fait par toutes voyes de juſtice dûës & raiſonnables tous ceux qui pour ce ſeront à con-train[t]e ; & pour ce Toydit Huiſſier fera tous actes & exploits de Juſtice requis & néceſſaires ; de ce faire te donnons pouvoir, en témoin de quoi nous avons fait mettre & apoſer le ſçel de nôtre Chancellerie à ceſdites preſentes. Donné à Grenoble en Par-lement le 3. Août l'an de grace 1733. & de nôtre Regne le 18e. Par la Cour, *Signé*, Amat. Scelé le 14. Août 1733. *Signé*, Giroud.

ARREST DU PARLEMENT

*Qui a jugé que le Bled de Cenſe doit être du plus beau que
l'on recuëille dans la Terre ſoumiſe à la Cenſe.*

Du 26. Juin 1702.

EXTRAIT DES REGISTRES DU PARLEMENT.

ENTRE Meſſire Rebuffat, Prêtre Conventuel de l'Ordre de
St. Jean de Jeruſalem, Sacriſtain de l'Egliſe St. Jean de cette
Ville d'Aix, & en cette qualité Seigneur Direct & Cenſiel de la
baſtide apellée de Baile & ſes dépendances, demandeur en auto-
riſation de deux raports faits au ſujet de dix charges de bled de
Cenſe que ladite baſtide de Baile lui fait en ladite qualité de Sacriſtain, & de la paye échûë en 1700. & défendeur en recours
deſdits raports à la Cour comme arbitre de droit, d'une part.

Et Noble Loüis de Garnier, Sieur de St. Antonin, Baile &
Rouſſet, défendeur & recourant, d'autre.

Et entre ledit ſieur de Garnier, demandeur en Requête incidente du 13. Decembre 1701. pour faire dire qu'en jugeant par
la Cour ledit recours, elle reglera à l'avenir de quelle maniere
& de quelle qualité de bled ledit ſieur de Garnier doit payer la
Cenſe dont s'agit, & demandeur en reception d'expedient, d'une
part.

Et ledit Meſſire Rebuffat, défendeur, d'autre.

Vû par la Cour, &c. Oüi le raport de Me. Joſeph de l'Enfant,
Conſeiller du Roi, Commiſſaire ; tout conſideré.

LA COUR faiſant droit ſur toutes les fins & concluſions
des Parties, ſans s'arrêter à l'expedient dudit Garnier ni à ſa Requête incidente du 13. Decembre 1701. a ordonné & ordonne
que la Cenſe de dix charges bled ſera à l'avenir payée du plus
beau & meilleur bled qui ſe recuëillira à la terre de Baile, &
ſans s'arrêter au recours interjetté à la Cour comme arbitre de
droit, le ſecond raport ſera déclaré exécutoire, ſauf audit Garnier
d'en recourir à d'autres Experts, leſquels déclareront ſi le bled
qui eſt au pouvoir de Braye & qui a été offert audit Rebuffat

…l du plus beau & du meilleur qui a été recueilli à ladite terre de Baile, condamne ledit Garnier aux dépens. Publié à la barre du Parlement de Provence séant à Aix, le 26. Juin 1702.

ARREST DU PARLEMENT

Intervenu entre Mr. l'Avocat Général de Gaufridi, Baron de Trets, & les Consuls & Communauté du même Lieu, par lequel Arrêt ladite Communauté est déboutée de ses exceptions au sujet de la Directe qu'elle disputoit au Seigneur ; la pension de 120, Charges de bled que lad. Communauté lui fait, est déclarée féodale & payable en bled de la première qualité, avec la plus valuë, s'il y en a.

Du 31. Mars 1735.

LOUIS par la grace de Dieu, Roi de France & de Navarre, &c. SALUT. Procès auroit été mû pardevant nos amés & féaux Conseillers les Gens tenant nôtre Cour de Parlement aud. Païs.

Entre les Consuls & Communauté du Lieu de Trets, prenant le fait & cause en main de Jean-Baptiste Vivian, premier Consul de l'année 1733. & de Me. Melchior de Ville, Avocat en la Cour, & en tant que de besoin pour iceux, apellans de Jugement rendu par la Chambre des Requêtes du Palais le 17. Août 1734. d'une part.

Et Messire Jacques-Joseph de Gaufridi, Baron de Trets, Seigneur de St Esteve, Auriac & autres Lieux, Conseiller du Roi en ses Conseils, & son premier Avocat Général en la Cour, intimé, d'autre.

Et entre lesdits Consuls & Communauté de Trets, demandeurs en Requête incidente du 18. Mars 1735. tendante à être reçûs à verifier par toute sorte de preuves. 1°. Que ladite Communauté n'a jamais payé du bled de Cente ni de la première qualité aux Seigneurs. 2°. Que les Consuls ne leur ont jamais présenté la montre du bled personnellement ; que cette présentation leur a toûjours été faite par le Trésorier de ladite Communauté, suivant

le

pacte de leur bail; & en troifiéme lieu, que les 120. charges de bled portées par la tranfaction de 1554. ont été mefurées & expediées de tout tems aux greniers du Tréforier en prefence de l'Agent ou des Fermiers des Seigneurs, & Partie au contraire fi bon lui femble, & autres fins y contenuës, d'une part.

Et ledit fieur Baron de Trets, défendeur, d'autre.

Et entre lefdits Confuls & Communauté de Trets, demandeurs en autre Requête incidente du 29. du même mois de Mars 1735. tendante en révocation, caffation, ou par apel du decret rendu par la Chambre des Requêtes du Palais le 9. Juin 1734. qui ordonne que les Confuls repréfenteront l'original de l'acte du 13. Juin 1491. de l'Arrêt & Lettres exécutoriales du 28. Juillet 1531. rendu par la Chambre des Comptes, qui a déclaré nul le fufd. acte & autres fins y contenuës, d'une part.

Et ledit fieur Baron de Trets, défendeur, d'autre.

Auquel Procès tant y auroit été procedé, que vû au fac dud. fieur Baron de Trets, l'extrait du Jugement dont eft apel, par lequel faifant droit fur toutes les fins & conclufions des Parties, fans s'arrêter aux exceptions & défenfes defdits Confuls & Communauté de Trets, ayant égard à la Requête principale & aux deux Requêtes dudit fieur Baron de Trets des 2. & 7. Janvier & 18. Août 1733. les Confuls & Communauté de Trets font condamnés à lui payer la penfion féodale de 120. charges de bled froment de la premiere qualité, bon & recevable, vieille mefure de Trets, en conformité de la Tranfaction du 5. Fevrier 1554. avec la plus valuë dudit bled de la qualité ci-deffus, fur le pied des raports d'évaluation des bleds tenus aux marchés de cette Ville d'Aix à connoiffance d'Experts convenus ou pris d'office, ordonne en outre que lefdits Confuls repréfentant les habitans dud. Trets, préfenteront perfonnellement à leur Seigneur & dans fon Chateau la penfion féodale dont s'agit, laquelle préfentation fera cenfée accomplie par les cinq panaux bled de la fufdite premiere qualité pour fervir de montre, en conformité de l'Arrêt du Parlement du 6. Juillet 1709. comme auffi que lefdits Confuls feront tenus de faire porter, mefurer & expedier le furplus de lad. penfion féodale dans ledit Chateau, lefdits Confuls & Communauté de Trets font condamnés aux dépens des fufdites qualités jugées; & à l'égard de la derniere Requête incidente dudit fieur Baron de Trets du 19. Decembre 1733. contre la Communauté de Trets, Jean-Baptifte Vivian Conful, & Melchior Deville Avocat, il eft ordonné que les Parties feront plus amplement oüies pour leur être définitivement dit droit, les dépens de cette qualité entre les Parties refervés, du 11. Août 1734. figné Aune &c. Au fac de ladite Communauté &c. **Contredits** de la Communauté, foûtenant que la directe univerfelle n'avoit jamais apartenu aux Seigneurs de Trets ; Repliques contraires, & tout ce que par lefdites Parties a été fourni & produit &c. **Conclufions** du Procureur Général du Roi &c.

Oüi le raport de nôtre amé & féal Confeiller en nôtred. Cour, Me. Jean-Loüis-Hiacinthe d'Efmivi, Seigneur de Moiffac, Commiffaire à ce député, tout confideré.

S ç a v o i r faifons que nôtredite Cour par fon Arrêt du jour & datte des prefentes, faifant droit fur toutes les fins & conclufions des Parties, a mis & met l'apellation & ce dont eft apel au néant quant à ce, & par nouveau Jugement, fans s'arrêter à la Requéte defdits Confuls & Communauté de Trets du 18. du courant, ni à leurs exceptions & défenfes, ayant aucunement égard à celle dudit de Gaufridi du 2. Janvier 1733. a condamné & condamne ladite Communauté à lui payer les 120. charges de la penfion féodale dont s'agit, vieille mefure de Trets, en bled froment dudit terroir, bon & recevable, & toutes fois de la premiere qualité, avec la plus valuë, fi aucune y en a, fuivant le raport & liquidation qui en fera faite par Experts convenus ou pris d'office en conformité du prefent Arrêt ; & de même fuite fans s'arrêter aux Requêtes dudit de Gaufridi des 7. Janvier & 19. Decembre 1733. dont l'a demis & debouté a mis fur icelles tant ladite Communauté que lefdits Vivian & Deville hors de Cour & de Procès, comme auffi fur la Requête de ladite Communauté du 29. du prefent mois au bénéfice de confentement donné par ledit de Gaufridi fur la fignification de ladite Requête, a déclaré ladite Communauté non-recevable à fon apel, & en cet état, a renvoyé & renvoye les Parties & matiere à la Chambre des Requêtes pour faire exécuter le furplus de fon Jugement & le prefent Arrêt felon leur forme & teneur, condamne lad. Communauté de Trets aux dépens du prefent Arrêt, les autres entre les Parties compenfés. Pour ce eft-il que nous, fuivant ledit Arrêt, &c. Données à Aix le 31. Mars 1735.

La Communauté de Trets s'étant pourvûë en caffation de cet Arrêt, il fut mis un néant fur fa Requête.

Monfieur le Baron de Viens obtint en l'année 1716. un Arrêt au Parlement de Grenoble contre la Communauté du même Lieu, confirmatif d'une Sentence du Siége d'Aix, qui avoit décidé, comme en l'affaire de Mr. le Baron de Trets, qu'une penſion féodale de cent charges de bled que la Communauté de Viens lui fait pour l'abonnement des Cenſives & Directes, doit être payée en bled de la premiere qualité.

ARRÊTS

Qui ont jugé qu'en matiere de droit de Compaſcuité que les Habitans d'un Terroir ont dans icelui, reglé *pro modo jugerum*, par un raport d'Experts, les places vacantes ne peuvent point accroître aux Habitans des uns aux autres, mais qu'elles apartiennent en entier au Seigneur.

ARREST RENDU PAR LE PARLEMENT Entre Noble Mathieu Bayol, Seigneur de Peireſc, la Communauté, & quelques Habitans du même Lieu.

Du 29. Juin 1712.

LOÜIS par la grace de Dieu, &c. Procès auroit été mû par-devant nos amés & feaux Conſeillers les Gens tenant nôtre Cour de Parlement audit Païs.

Entre Noble Mathieu Bayol, Seigneur de Peireſc, nôtre Conſeiller, Greffier en chef criminel en la Cour, querelant en contravention aux Arrêts de lad. Cour, d'une part.

Et Pierre & André Gras, Valentin & Antoine Bertrandi, Claude & Jean Imbert dudit Lieu de Peireſc, querelés, d'autre.

Et entre leſdits Gras, Bertrandi & Imbert, demandeurs en Requête du 6. Fevrier 1712. tendante en caſſation de la procedure contre eux faite, d'une part.

Et ledit Seigneur de Peireſc, défendeur, d'autre.

Et entre les Conſuls & Communauté dudit Lieu de Peireſc, demandeurs en Requête du 5. Mars de ladite année 1712. tendante à être reçûs partie intervenante en l'inftance y mentionnée, pour y requerir les fins y contenuës, d'une part.

Et ledit Seigneur de Peirefc, défendeur, d'autre.

Auquel Procès tant y auroit été procedé, que vû par nôtred. Cour, au fac dudit fieur de Peirefc, une copie d'Arrêt rendu entre les Confuls de Peirefc & Mre. Eyme l'Enfant, Seigneur dud. Peirefc & de la Colle St. Michel, par lequel la terre gafte dud. Peirefc eft adjugée au Seigneur, du 28. Juin 1658. figné Miollis; Extrait de raport fait *pro modo jugerum* en exécution dudit Arrêt pour raifon defdites terres gaftes du mois d'Août 1659. Requête prefentée à la Cour au nom dudit fieur de Peirefc avec le decret de défenfes fur la recharge, de jetter aucun betail dans la terre gafte au-delà de ce qui eft porté par ledit raport, ni de faire aucun défrichement dans icelle, & fur les contraventions qu'il en feroit informé par le premier Juge Royal, du 3. Juin 1710. & 11. Août 1711. avec les lettres & exploit de fignification; Extrait d'Arrêt rendu par la Cour, contenant que Pierre & André Gras, Valentin & Antoine Bertrandi, Claude & Jean Imbert du Lieu de Peirefc, feront affignés pour être oüis, du 24. Novembre 1711. avec l'exploit d'affignation; Cedule de la préfentation mife au Greffe de la Cour au nom dudit fieur de Peirefc par Me. Miollis fon Procureur; Extrait des interrogatoires & réponfes defdits decretés; Extrait d'Arrêt rendu par la Cour, qui joint la Requête en caffation de la procedure & la Requête d'intervention de la Communauté de Peirefc au principal, du 15. Mars audit an; Extrait de Sentence arbitrale renduë entre le Seigneur de Peirefc & les Confuls & Communauté de la Colle & dudit Peirefc, au fujet des herbages, du 24. Decembre 1660. Requête prefentée à la Cour au nom de Noble Jacques Bayol, Seigneur de Peirefc, avec le decret fur la recharge, portant défenfes aux Confuls & Communauté de Peirefc de contrevenir aux Arrêts de la Cour, & fur les contraventions qu'il en fera informé par le premier Juge Royal, du 25. Septembre 1702. avec les lettres & exploit; Extrait d'Arrêt rendu entre le fieur Commandeur d'Aix, Seigneur de Ginacervis, la Communauté dudit Lieu & le nommé Fabry, par lequel ledit Fabry eft condamné au payement du droit de relargage de la plus grande partie de fon alivrement, du 22. Novembre 1641. Extrait d'acte de nouveau bail paffé par la Dame d'Efcragnolle en faveur des habitans dudit Lieu, par lequel il paroît que ladite Dame defempara aufdits habitans la proprieté de la terre gafte, & ne fe referva que la faculté de dépaître, du 21. Avril 1562. collationné, Heraud; Extrait d'Arrêt de préjugé rendu entre le sieur Commandeur de Beauchamps, Seigneur de Ginacervis, & la Communauté dudit Lieu, du 7. Juin 1695. signé Ailhaud. Au sac desdits Bertrandi, Gras & Imbert; Cedule de la presentation mise par Mᵉ. Artaud leur Procureur; Requête par eux donnée en cassation de la procedure contr'eux faite à la Requête dudit sieur de Peiresc, avec le decret de requiert en jugement; leur Requête en conclusions civiles &c.

Au sac desdits Consuls & Communauté de Peiresc; Extrait de déliberation de ladite Communauté, qui donne pouvoir à Mᵉ. Artaud Procureur de donner Requête d'intervention en l'instance; ladite Requête d'intervention. Au sac de la procedure faite au nom dudit sieur de Peiresc sur la contravention aux Arrêts de la Cour; la Requête & decret sur la recharge, portant défenses aux particuliers y denommés de contrevenir ausd. Arrêts, & sur les contraventions d'en être informé avec les lettres & exploit de signification; Comparant tenu à Mᵉ. Niel, Lieutenant de Castellanne, par ledit sieur de Peiresc, pour proceder à l'information dont il s'agit, du 5. Octobre 1711. Comparant tenu audit Mᵉ. Niel par ledit sieur de Peiresc avec son Ordonnance, portant injonction audit Mandine de delivrer l'extrait de la cotte des nommés Gras, & de déclarer la quantité de betail qu'ils ont, du 7. Octobre audit an, avec l'exploit d'injonction au bas; Extrait de la cotte des nommés Gras, & un certificat du betail qu'ils ont jetté dans le terroir de Peiresc, signé Mandine Trésorier; le cayer de ladite information; les interrogatoires & réponses des querelés, &c. Conclusions du Procureur Général du Roi, signées Rabasse; oüi le raport de nôtre amé & féal Conseiller en nôtred. Cour, Mᵉ. André le Blanc, Commissaire à ce député, tout consideré.

Sçavoir faisons que nôtred. Cour par son Arrêt du jout & datte des presentes, sans s'arrêter à la Requête desdits Gras, Bertrandi & Imbert du 6. Fevrier 1712. ni à celle d'intervention desdits Consuls & Communauté de Peiresc du 5. Mars audit an, dont les a déboutés, faisant droit à la querelle dudit Bayol pour la contravention commise par lesdits Gras, Bertrandi & Imbert à l'Arrêt du 28. Juin 1658. raport fait en conséquence en 1659. & decret du 11. Août 1711. les a condamnés à l'amende de 3. liv. chacun envers le Roi & de 6. liv. aussi chacun envers ledit Bayol, ensemble aux dommages & interêts par lui soufferts; sçavoir par lesdits Gras, pour avoir jetté du betail dans dans la terre gaste au-delà de leur allivrement; & lesdits Bertrandi & Imbert, pour avoir défriché en icelle sans la permission dudit Bayol, le tout fuivant la verification & liquidation qui en fera faite par Experts qui feront convenus dans trois jours, autrement pris d'office par le Commiffaire raporteur du prefent Arrêt ; condamne en outre lefdits Confuls & Communauté, & lefdits Gras, Bertrandi & Imbert à tous les dépens des qualités chacun les concernant; & néanmoins a fait & fait plus fortes inhibitions & défenfes aufdits Confuls & Communauté & autres poffedans biens audit terroir, de contrevenir audit Arrêt & raport fous plus grande peine, & d'en être informé par le premier Juge Royal requis. Pour ce eft-il que nous, fuivant ledit Arrêt & à la Requête dudit fieur Bayol Seigneur de Peirefc, mandons au premier Huiffier, &c. Données à Aix en nôtredit Parlement le 9. jour du mois de Juin l'an de grace 1712. & de nôtre Regne le 70. Collationné par la Cour, *Signé*, Heraud, & fcellé.

***

JUGEMENT RENDU PAR LA CHAMBRE
des Requêtes, entre Mr. de Saquy, Seigneur de Colobrieres, Confeiller en la Cour des Comptes; & la Communauté de Colobrieres ; par lequel il a été jugé que les portions vacantes des habitans pour le droit de compafcuité, ne peuvent point accroître en faveur des autres habitans, mais qu'elles apartiennent au Seigneur. Ce même Jugement condamne la Communauté au droit d'indemnité ou demi lods de dix en dix ans, & juge quels biens y font fujets.

Du 17. Juin 1727.

LES Préfidens & Confeillers du Roi en la Cour de Parlement de ce Païs de Provence, tenant la Chambre des Requêtes du Palais, à tous ceux qui ces prefentes Lettres verront, SALUT. Comme foit que Procès ayant été mû pardevant nous.

Entre Meffire Antoine de Saquy, Seigneur de Colobrieres & de Sanes, Confeiller du Roi en la Cour des Comptes, Aides & Finances de ce Païs, demandeur aux fins de l'exploit libellé du 6. Mai 1726. d'une part.

Et les Confuls & Communauté dudit Lieu de Colobrieres, défendeurs, d'autre.

Et entre lefdits Confuls & Communauté de Colobrieres, demandeurs en Requête en affiftance de caufe, du 5. Mai 1727. & en reception d'expedient, d'une part.

Et Meffire François de Glandeves, Comte de Porrieres, Seigneur du Puget & Cofeigneur dudit Colobrieres, & ledit Mre. Antoine de Saquy, défendeurs, d'autre.

Auquel Procès tant y auroit été procedé, que, vû par la Cour tenant la Chambre des Requêtes, au fac dudit Mre de Saquy, fes lettres de commitimus, exploit libellé d'ajournement pardevant la Cour contre lefdits Confuls & Communauté de Colobrieres, du 6. Mars 1726. pour voir dire & ordonner, qu'attendu que ledit Seigneur de Colobrieres eft fondé en directe univerfelle fur tout le territoire dudit Lieu, & qu'il eft d'ailleurs proprietaire de la terre gafte, en laquelle les habitans n'ont qu'une fimple faculté de faire dépaître leurs beftiaux, il fera procedé par Experts convenus ou pris d'office, à un réglement & raport de la quantité de betail que chaque habitant forain & poffedant bien pourra tenir à ladite terre, *pro modo jugerum*; voir dire & ordonner que tout le fuperflu defdits herbages apartiendra audit Seigneur pour la moitié le concernant de ladite Seigneurie & terres gaftes, dont le fieur Comte de Porrieres poffede l'autre moitié, pour en joüir & difpofer à fon gré, de même que des portions vacantes de ceux qui n'auront point de betail à proportion de leurs biens, lefquelles lui apartiendront pareillement & par moitié avec le fieur Comte de Porrieres, fans qu'elles puiffent acroître des uns aux autres, avec inhibitions & défenfes aufdits habitans de Colobrieres de contrevenir au réglement qui fur ce interviendra, à peine de 100. liv. d'amende, dommages & interêts dudit Seigneur, & d'en être informé pardevant le premier Juge Royal requis non fufpect, & de même fuite que lefdits Confuls & Communauté de Colobrieres feront condamnés à donner aveu & denombrement audit Seigneur Confeiller de Colobrieres des biens que la Communauté poffede audit Lieu & fon terroir, lui en paffer nouvelle reconnoiffance, & lui en payer les arrérages du droit d'indemnité ou demi lods pour la portion & moitié le concernant de la directe depuis 29. années, avec interêts dès ce jourd'hui, & ce, fuivant l'eftimation & évaluation qui fera faite defdits biens lors de chaque écheute par lefdits Experts; le tout fous les peines de droit, confiftant en l'Hôtel de Ville, l'Hôpital, la Maifon curiale, les bâtimens où font la boucherie, les Archives de la Communauté & l'Horloge, une lifte de terre acquife par la Communauté du fieur de Foriface, & les puits qui font aux quartiers des quatre coirs de l'ancurier autres, & de continuer à l'avenir le payement du fufdit droit d'indemnité ou demi lods de dix en dix ans, & voir adjuger audit Seigneur Confeiller de Colobrieres telles autres fins & conclufions qui feront par lui prifes au Procès, le tout avec dépens &c. Extrait de déliberation faite par les Confuls & Communauté du Lieu de Colobrieres enfuite de la Déclaration de S. M. du 5. Juillet 1689. & Arrêt du Confeil du 23. Janvier 1691. par laquelle, entre autres chofes, déclarent que toutes les terres gaftes, vagues & incultes qui ne font pas encadaftrées & qui ne payent pas taille, apartiennent aux Seigneurs & Cofeigneurs dudit Lieu, & qu'iceux ont droit & qu'ils vendent les herbages defdites terres gaftes à qui bon leur femblera, même à des étrangers, & autres déclarations y mentionnées, en date du 24. Avril 1691. Extrait de Sentence arbitrale renduë entre Meffire Claude Margaillet, Doyen en la Cour des Comptes, Aides & Finances de ce Païs, en qualité d'ayeul paternel de Demoifelle Magdelaine de Margaillet, Dame de Colobrieres, & les Confuls & Communauté du même Lieu, du 26. Juin 1634. autre Extrait de Sentence arbitrale explicative de la précédente du 26. Juin 1634. renduë entre led. Mre. de Margaillet &.lefd. Confuls &.Communauté, touchant les pâturages & herbages de la terre de Colobrieres du 24. Juillet aud. an &c. Extrait de l'Arrêt du Parlement intervenu entre le fieur Bayol, Seigneurs de Peirefc, les Confuls & Communauté du même Lieu, Gras, Bertrandi & autres, du 9. Juin 1712. &c. Au fac defdits Confuls & Communauté de Colobrieres &c. l'Expedient offert par lefdits Confuls & Communauté audit Mre. de Saquy de Colobrieres, par lequel faifant droit, quant à ce, à l'exploit libellé dudit de Saquy du 6. Mai. 1726. ordonne que par Experts il fera procedé à un réglement & raport de la quantité de betail que chaque habitant forain poffedant bien pourra tenir à la terre gafte dudit Lieu de Colobrieres *pro modo jugerum*, lefquels auront égard à la faculté que les habitans ont de faire dépaitre leurs beftiaux à la terre de la Verne, & à tout ce que de de droit, & néanmoins qu'il fera permis aufdits habitans qui auront du betail de joüir & confommer les herbages au lieu & place de ceux qui n'en auront point, & que les portions vacantes accroîtront des uns aux autres, avec défenfes audit de Saquy & aufdits habitans de contrevenir au réglement qui interviendra, à peine de 100. liv. d'amende, dépens, dommages & interêts des parties, & d'en être informé; & de même fuite condamne lefd. Confuls & Communauté de donner aveu & dénombrement aud. de Saquy des biens que la Communauté poffede audit Lieu &

fon

41

fon terroir, lui en paſſer nouvelle reconnoiſſance, & lui en payer
les arrérages du droit d'indemnité ou demi lods pour la portion
& moitié le concernant depuis 29. années, avec intérêts depuis la
demande, ſuivant l'eſtimation & évaluation qui en ſera faite par
les mêmes Experts, leſquels en procedant eſtimeront ſeulement le
fol de l'horloge, comme étant deſtiné à l'uſage public & ne pou-
vant ſervir à bâtir des maiſons, & à continuer à l'avenir le fuſd.
droit d'indemnité ou demi lods de dix en dix ans, dépens entre
les Parties compenſés, avec la ſommation à accorder ledit expedient &c. Les Concluſions du Procureur Général du Roi du 28.
Mai 1727. Oüi le raport de Mᵉ. Loüis de Thomaſſin, Seigneur
de Peinier, Einac, Taillas & autres Places, Conſeiller du Roi en
la Cour, Commiſſaire en cette partie député, tout conſideré.

Sç A V O I R faiſons que la Cour tenant la Chambre des Requêtes du Palais par ſon Jugement du jour & datte des preſentes,
ſans s'arrêter à l'expedient des Conſuls & Communauté du Lieu
de Colobrieres, faiſant droit aux fins de l'exploit libellé dudit de
Saquy du 6. Mai 1726. & à celles priſes dans ſes écritures, a ordonné & ordonne qu'il ſera procedé par Experts convenus ou pris
d'office par le Commiſſaire raporteur du preſent Jugement, à un
réglement & raport de la quantité de betail que chaque habitant,
forain & poſſedant bien au terroir de Colobrieres, pourra y tenir *pro modo jugerum*, & que le ſuperflu des herbages s'il en reſte
après que leſdits Experts auront declaré la quantité de betail que
le terroir peut entretenir, & ce qui eſt néceſſaire pour l'engraiſ-
ſement des biens, apartiendra audit de Saquy pour la moitié le concernant, pour en joüir & diſpoſer à ſon gré, de même que des
portions vacantes des habitans qui n'auront point de betail à proportion de leurs alivremens, leſquelles lui apartiendront pareillement par moitié, ſans qu'elles puiſſent accroître en faveur des habitans des uns aux autres; a fait & fait inhibitions & défenſes à
chacune des Parties de contrevenir au réglement qui interviendra
à peine de 300. liv. d'amende & d'en être informé, leſquels Experts en procedant auront égard à tout ce que de droit; & de
même ſuite a condamné & condamne leſdits Conſuls & Communauté à donner aveu & dénombrement audit de Colobrieres des
biens que la Communauté poſſede audit Lieu & ſon terroir, lui
en paſſer nouvelle reconnoiſſance, & lui en payer les arrérages du
droit d'indemnité ou demi lods pour la portion le concernant
de la directe depuis 29. années, avec intéréts depuis la demande,
& ce ſuivant l'eſtimation & évaluation qui ſera faite deſdits biens
lors de chaque écheute par leſdits Experts, le tout ſous les peines

de droit, confiftans lefdits biens, en l'Hôtel de Ville, l'Hôpital, la Maifon Curiale, le bâtiment où la Boucherie, les Archives de la Communauté & l'Horloge fe trouvent, une lifte de terre acquife par la Communauté de Boniface, & les puits qui font aux quartiers des quatre coins, de Lamourié & autres biens, & de continuer à l'avenir le payement du fufdit droit d'indemnité & demi lods de dix en dix ans ; condamne lefdits Confuls & Communauté aux dépens ; & fur la Requête en affiftance de caufe contre led. de Glandeves de Porrieres, les Parties feront plus amplement oüies pour y être dit droit, ainfi qu'il apartiendra. Pour ce eft-il que nous, fuivant ledit Jugement, & à la Requête dud. Meffire Antoine de Saquy, Seigneur de Colobrieres & de Sanes, Confeiller du Roi en la Cour des Comptes, Aides & Finances de ce Païs, mandons au premier Huiffier &c. Données à Aix au Parlement de Provence, féant en cette Ville d'Aix, tenant ladite Chambre des Requêtes, le 17. Juin 1727. Par mefdits Seigneurs, *Signé*, Aune, & fcellé.

SENTENCE ARBITRALE

Mentionnée au vû de Pieces du Jugement ci-deffus, intervenuë entre Meffire Claude de Margaillet, Confeiller du Roi, Doyen en la Cour des Comptes, Ayeul paternel de Demoifelle Magdelaine de Margaillet, Dame de Colobrieres ; & les Confuls & Communauté dudit Lieu de Colobrieres ; par laquelle Sentence Arbitrale il fut auffi jugé que les places vacantes du droit de dépaître, doivent demeurer au Seigneur.

Du 26. Juin 1634.

EN la caufe arbitrale d'entre Mr Me. Claude de Margaillet, fieur de St. Auquile, Confeiller du Roi, Doyen en la Cour des Comptes, Aides & Finances de ce Païs, ayeul paternel de Demoifelle Magdelaine de Margaillet, Dame de Colobrieres, intimé en apel, demandeur en Lettres de retenuë, & au principal en Requête tendante à réglement, d'une part.

Et les Confuls & Communauté dudit lieu de Colobrieres, appellans de decret rendu par le Lieutenant général au Siége de cette Ville d'Aix, défendeurs en ladite retenuë & Requête de réglement, d'autre.

Vû le Comparant tenu par le Procureur Jurisdictionnel dudit Lieu de Colobrieres, afin de faire régler pardevant le Juge du même Lieu la quantité de bétail que les particuliers pouvoient tenir, ce que signifié ausdits Consuls, sur la recharge dud. Comparant y auroit eu Ordonnance portant injonction ausdits Consuls de deliberer sur le fait d'icelui; ladite Ordonnance & exploit de signification des 8. Novembre 1632. & 14. Mai 1633. Requête dudit Procureur Jurisdictionnel audit Juge, tendante à ajournement contre lesdits Consuls & Communauté, afin d'accorder Experts pour connoître quelle quantité de brebis pouvoit dépaître dans le terroir de Colobrieres suivant l'étenduë & qualité d'icelui, ayant été l'ajournement décerné, & par autre Ordonnance dudit Juge a été dit que lesdits Consuls défendront sur le fait de ladite Requête, autrement seroit pourvû, ayant été sur la signification répondu que ledit Juge ne pouvoit toucher ni juger de ladite affaire, étant ladite procedure & exploit de signification du 30. Août 1633. Requête presentée par ledit sieur Conseiller de Margaillet au Lieutenant général de cette Ville d'Aix, pour avoir ajournement contre lesdits Consuls & Communauté, afin de voir proceder au réglement dudit bétail, & cependant que défenses seroient faites ausdits particuliers dudit Lieu de tenir plus grande quantité de bétail qu'à proportion du bien qu'ils possedent, lequel ajournement & inhibitions auroient été octroyés, & sur ce Lettres levées & exploitées respectivement les 15. & 19. Septembre 1633. apel dudit decret d'inhibitions & exploit d'ajournement audit sieur Conseiller de Margaillet; Lettres de retenuë du principal de la matiere; Arrêt employé pour préjugé, donné entre René de Villeneuve, Seigneur de Chateauneuf & du Poil, demandeur en Requête du 11. Avril 1614. d'une part, & les Consuls & Communauté, manans & habitans du Lieu du Poil, défendeurs & demandeurs en Requête du dernier Juin 1615. produit par led. sieur Conseiller de Margaillet; autre Arrêt d'entre Melchior de Robert, Sr. d'Escragnolle, demandeur en exécution d'Arrêt du 3. Juin 1617. d'une part, & les Consuls & Communauté dud. Lieu, défendeurs, d'autre, & entre lesdits Consuls & Communauté dudit Lieu d'Escragnolle, demandeurs pour être reçûs recourans à la Cour comme arbitre de droit, du raport du 20. Août 1618. & ledit Robert défendeur d'autre, par lequel la Cour, en ce qui est du pâturage demandé, auroit permis audit de Robert en qua-

lité de Seigneur dudit Lieu, & qu'eu égard aux biens par lui poffedés audit terroir, d'y faire dépaître annuellement la quantité de
30. trenteniers average, enfemble deux roües de Jumens, & aux
habitans dudit Lieu le reftant du bétail qui peut y être commo-
dement nourri, conformement audit raport du 20. Août 1618.
ni à proportion du bien qu'ils y poffèdent, du 22. du mois de
Decembre 1619. autre Arrêt d'entre ledit fieur d'Efcragnolle, demandeur en exécution d'Arrêt dudit jour 22. Decembre 1619. &
en Requête du 7. Fevrier 1620. & défendeur en autre Requête
d'une part, & les Confuls & Communauté dudit Lieu d'Efcragnolle, défendeurs & demandeurs refpectivement aufdites qualités, d'autre, par lequel la Cour faifant droit fur lefdites Requêtes, fins & conclufions des Parties, auroit ordonné que lefdits
habitans, dans trois mois précifement, réduiroient le bétail qu'ils
tiennent à prefent audit terroir, à la quantité portée par le raport du 20. Août 1618. à peine de 1000. liv. & autre arbitraire,
dans lequel tems lefdits Confuls feront proceder à leurs frais &
dépens pardevant le Commiffaire qui fur ce fera député, au département & réglement dudit betail à proportion & qualité de
leurs biens, eu égard aux terres incultes par eux poffedées, duquel département en donneront extrait audit de Robert, dûëment
attefté par le Greffier de ladite Communauté, autrement dès maintenant comme pour lors permis audit fieur d'Efcragnolle d'y faire
proceder aux dépens de ladite Communauté, à la charge néanmoins que fi aucun defdits habitans ne tient la quantité de betail porté par ledit département qui en fera fait, audit cas les autres la pourront tenir & poffeder, fans que pour ce regard ledit
de Robert y puiffe participer ni augmenter fon bétail* dépens compenfés, du 10. Avril 1720. autre Arrêt d'entre les Sindics & Communauté du Lieu de Cabris, demandeurs en reparation d'atten-
tats, & apellans d'Ordonnance renduë par le Lieutenant de Sénéchal au Siége de Graffe, & incidemment demandeurs en exécution d'Arrêt & faire déclarer n'avoir été permis ni loifible au
Seigneur du Lieu faire les enclos dont eft queftion aux terres dud.
Cabris & du Moufteiret, d'une part, & Honnoré de Graffe, Seigneur defdits Lieux, défendeur aufdites qualités, & demandeur
en Requête aux fins d'être maintenu en la poffeffion & joüiffan-

---

*Nota, que c'eft l'Arrêt cité par Mourgues; mais ce qui y donna lieu, fut que
par un acte de nouveau bail du 21. Avril 1562. la Dame d'Efcragnolle avoit defemparé
aux habitans la proprieté de la terre gafte, & ne s'étoit refervée que la faculté dé dépaître, ainfi qu'il eft juftifié dans le vû de pieces de l'Arrêt contraire rendu contre
la Communauté de Peirefc le 9. Juin 1712.

ce de pouvoir faire enclos à ... gfte defdits Lieux, & incidemment à faire déclarer que lefdits habitans ne pourront avoir
ni tenir betail, fi ce n'eft qu'à proportion des terres qu'ils y tiennent & poffedent *pro modo jugerum*, par lequel la Cour auroit
maintenu ledit fieur de Cabris en la poffeffion & joüiffance du
clos dont eft queftion, & lefdits manans & habitans dans la faculté de dépaître à eux accordée par lefdits contrats d'habitation
du premier Mars 1496. pour joüir de l'ufage à eux néceffaire pour
joüir du betail que lefdits habitans auront à proportion des terres
qu'ils poffedent audit Lieu de Cabris & Moufteiret & *pro modo
jugerum* du 23. Juin 1604. &c. Arrêt de la Cour portant que les
Parties compromettroient à des Arbitres, fuivant la déliberation
du Confeil dudit Lieu, fauf en cas d'apel être pourvû fur le renvoi requis, ainfi qu'il apartient ; Requête de commiffion à Mr. le
Confeiller de Ballon ; Comparant tenu pardevant led. fieur Confeiller & Commiffaire, pardevant lequel nous Paul André, Hercule de
Pontevés & Jofeph Garidel pour tiers, aurions été commis fur les
Comparans fur ce tenus les 20. 24. & 30. Mars dernier, 7. & 24.
Avril auffi dernier &c. Extrait d'acte de nouveau bail fait par la feuë
Dame de Boniface, Dame de Colobrieres, de tous les droits qu'elle
avoit, tant fur les herbages, bofquerages, qu'autres, paffé le 28.
Septembre 1584. figné Maffe Notaire ; Acte d'arrentement paffé
en faveur de Pierre Gravier & Boniface Roux de Colmars le 11.
Juillet 1606. figné Feraud Notaire ; Actes d'arrentement des fours,
moulins & herbages, paffés à plufieurs & diverfes perfonnes jufqu'à la prefente année 1634. les 14. Juin 1615. 6. Juillet 1616.
17. Juin 1617. 20. & 25. Juin 1619. 8. Mars 1620. 15. Juin 1620.
7. Juin 1621. 15. Juin 1622. dernier Octobre 1631. 18. dudit
mois 1633. & 29. Avril prefente année 1634. tous lefdits actes
fignés Feraud ; Copie de Requête dud. fieur Confeiller de Margaillet,
tendante à ajournement contre ladite Communauté pour faire regler
la quantité de betail que les particuliers dudit Lieu pourroient
tenir *pro modo jugerum*, & cependant auroit laxé les inhibitions
contre lefdits particuliers ; Lettres d'apel dudit decret &c. Expedient offert de la part de ladite Communauté, portant qu'il feroit fait reglement par Experts dont on conviendroit, autrement
pris d'office, de la quantité, part & portion des herbages dudit
terroir de Colobrieres néceffaire pour la nourriture du bétail tant
gros que menu, qui eft ou peut être entretenu par tous les habitans dudit Lieu, & par chacun d'iceux à proportion des biens
qu'ils y poffedent, à la charge néanmoins qu'en procedant par
lefdits Experts, ils auront égard à la portion & faculté des habi-

tans de pouvoir défricher à leur volonté fans contredit dans les mûures pour en faire une proportionnable déduction, & ledit départe ment ainfi fait, permis aux particuliers qui ont de bétail de jouir & confommer les herbages pour ceux qui n'en auront point, & de tenir des megeries fi bon leur femble de bétail étranger, en payant 24. fols pour trentenier de la part de l'étranger, fuivant la coûtume, & fans dépens, du mois de Fevrier 1634. figné Buiffon, pour ladite Communauté, Michel & Fillol, Députés &c. Copie d'Arrêt du Parlement par lequel il eft ordonné que les Parties compromettront pardevant des Arbitres fuivant la déliberation du Confeil, fauf en cas d'apel d'être pourvû fur le renvoi requis ainfi qu'il apartient, avec l'exploit au pied du 17. dudit mois, figné Oriol; Copie d'Arrêt d'entre le Sr. d'Efcragnolle & la Communauté dudit Lieu du 10. Avril 1620. figné Silvy, &c. Ecrits & Contredits de la part de ladite Communauté, tout confideré.

NOUS Arbitres, difons que l'apellation & ce dont a été apellé doit être mis au néant, & par nouveau Jugement, en faifant droit fur les fins & conclufions defdites Parties, en ce qui eft du défrichement demandé par lad. Communauté, avant y faire droit, fans préjudice du droit d'icelles ni leur rien attribuer de nouveau, qu'elles doivent être apointées en leurs faits contraires, articuleront iceux dans la huitaine, feront preuves & enquêtes dans le mois, dans lequel tems fera fait raport de l'état, qualité & fituation des terres aufquelles ladite Communauté prétend pouvoir faire ledit défrichement, & de la commodité ou incommodité qu'icelui défrichement peut aporter aux Parties, pour ce fait y ordonner ce que de raifon, & cependant qu'inhibitions & défenfes doivent être faites aux habitans & poffedans biens audit Colobrieres de contrevenir aux Arrêts & Réglemens de la Cour concernant la prohibition des défrichemens fur les peines portées par iceux; & en ce qui regarde le Réglement touchant le droit de dépaître defdits habitans, difons leur devoir être permis faire dépaître leur bétail en la terre gafte & herbages dont eft queftion, à proportion du bien qu'ils y poffedent & *pro modo jugerum*, fuivant la liquidation & connoiffance qui en fera faite par lefdits Experts & conformement aux Arrêts & Réglemens de la Cour fur ce intervenus, lefquels Experts auront égard à la prétenduë faculté de dépaître que lefdits habitans difent avoir au terroir de la Verne pour le tems qu'ils y feront dépaître leur bétail effectuellement, fans que le droit de dépaître apartenant à ceux qui n'auroient du bétail à proportion de leurs biens, puiffe accroître aux autres, ains demeurera au Seigneur dudit Lieu & à ladite Communauté,

comme ayant le droit de l'un d'iceux, * & pour la faculté prétenduë par ladite Communauté de pouvoir tenir de bétail à mege-
rie, disons, sans préjudice du droit des Parties ni leur rien attribuer de nouveau, qu'elles doivent être en leurs faits contraires, nous retenant l'explication des doutes qui pourroient naître
de nôtre présent lods & Sentence par an & jour, dépens du présent compromis entre les Parties compensés. *Signés*, d'André, de
Pontevés, de Montaud, Chabert & Garidel, Arbitres, à l'original du 26. Juin 1634.

Collationné par Me. Lantelme Notaire à Aix, proprietaire des
Ecritures de feu Me. Rancurel.

* *Nota*, Au tems de cette Sentence la Communauté joüissoit de la moitié des herbages de la terre, en vertu du nouveau bail passé en sa faveur par Sibille de Boniface, Dame de Colobrieres, par Acte du 8. Septembre 1584. énoncé dans cette
Sentence, dont elle fut évincée en 1648.

AUTRES ARRETS

SUR LE DROIT DE COMPASCUITE'.

ARREST RENDU PAR LE PARLEMENT Entre Meſſire Guillaume Philippe d'Eſcalis d'Anſoüis, Seigneur de St. Julien d'Aſſe, & la Communauté d'Entrevenes; par lequel Arrêt il a été jugé que la faculté de dépaître ne comprend pas celle de glandage ; la Communauté d'Entrevenes eſt deboutée de la preuve qu'elle demandoit de la poſſeſſion immemoriale de faire manger le gland ; les habitans d'Entrevenes ſont inhibés de faire dépaître leurs beſtiaux dans les champs complantés de chenes pendant la maturité du gland , depuis le 15. d'Octobre juſqu'au dernier Decembre ; ladite Communauté d'Entrevenes eſt deboutée des défenſes qu'elle demandoit contre le Seigneur de St. Julien , de vendre le reſidu des herbages , c'eſt-à-dire le ſuperflu , après avoir laiſſé aux habitans d'Entrevenes des herbages ſuffiſans pour leur compaſcuité.

Du 23. Mars 1724.

LOÜIS par la grace de Dieu, Roi de France & de Navarre, Comte de Provence, Forcalquier & Terres adjacentes, à tous ceux qui ces preſentes Lettres verront, SALUT. Procès auroit été mû pardevant nos amés & feaux Conſeillers, les Gens tenant nôtre Cour de Parlement audit Païs.

Entre Jacques Arnoux, Ménager du Lieu de Bras d'Aſſe, Sous-Fermier de la Baſtide dite de St. Pierre , apartenant au Seigneur du Lieu de St. Julien d'Aſſe, demandeur en Requête du 19. Fevrier 1722. Demandeur en reception d'expedient , dune part.

Et les Conſuls & Communauté du Lieu d'Entrevenes, prenant le fait & cauſe en main de Joſeph Armelin , Ménager dudit Lieu, défendeur , d'autre.   Et

Et entre lesdits Consuls & Communauté d'Entrevenes, comme procedent, demandeurs en Requête incidente du 27. Avril 1722. tendante en apel du decret rendu par le Juge de St. Julien le 24. Octobre 1720. & en caſſation du raport fait en exécution dudit decret, d'une part.

Et ledit Arnoux, défendeur, d'autre.

Et entre Meſſire Guillaume Philippe d'Eſcalis, Seigneur dudit St. Julien d'Aſſe, demandeur en Requête d'intervention & fins y contenuës, du 20. Mai 1722. d'une part.

Et lesdits Consuls & Communauté d'Entrevenes, demandeurs en Requête incidente du 3. Novembre 1722. fins y contenuës, tendante en inhibitions & défenſes de vendre les herbages de St. Julien, d'une part.

Et ledit Meſſire Guillaume Philippe d'Eſcalis, Seigneur dudit St. Julien, défendeur, d'autre.

Et entre lesdits Consuls & Communauté d'Entrevenes, demandeurs en reception de deux differens expediens, d'une part.

Et ledit Jacques Arnoux & le ſieur d'Eſcalis, défendeurs, d'autre.

Auquel Procès, tant y auroit été procedé, que, vû par nôtred. Cour le Procès, au ſac dudit Arnoux, l'Exploit de denonce par lui faite au Greffe de l'Ordinaire de St. Julien d'Aſſe, comme Joſeph Veiſſel, ſon Berger, a accuſé moyenant ſerment, que cejourd'hui ſur environ l'heure du midi, il a trouvé le Berger de Joſeph Arnoux, ménager d'Entrevenes, qui gardoit à baſton plantat environ trois trenteniers d'averages & ſous des chênes qui ſont aux terres cultes qu'incultes au quartier de Vaccon, dit de St. Pierre, au moyen de quoi accuſe ledit Armelin aux peines du Statut & Réglement de la Cour, ſauf d'avoir recours ſur ledit Berger, & proteſte ledit Arnoux du dommage qui ſera trouvé par les Experts, collationné, ſigné Moret Greffier, en datte du 22. Octobre 1720. ſignifié le 23. dudit mois & an audit Joſeph Armelin; Requête preſentée au Juge de St. Julien par ledit Arnoux contre ledit Armelin, tendante aux fins de faire commettre les Eſtimateurs modernes ou antecedens dudit lieu non ſuſpects, pour ſe porter ſur les terres de ladite baſtide mentionnée dans la denonce & où le dommage dont s'agit a été cauſé au fruit des arbres, c'eſt-à-dire au gland, & en faire eſtime & raport, ledit Armelin apellé, contre lequel ſera taxé ajournement pour ſe venir voir condamner au payement dudit dommage ſur le pied de l'eſtime qui en ſera faite, enſemble aux peines portées par le Reglement & aux dépens, qui commet les Eſtimateurs modernes &

l'ajournement aux fins de ladite Requête, du 14. Octobre 1720. &c. Au fac des Confuls & Communauté d'Entrevenes, prenant le fait & caufe en main dudit Jofeph Armelin ; Un extrait d'Arrêt rendu par la Cour entre la Communauté d'Entrevenes & le fieur d'Efcalis, Seigneur de St. Julien, fervant de réglement, du 11. May 1624. collationné, figné Fulque ; Copie de raport fait par les Eftimateurs du lieu du dommage y mentionné, avec l'exploit de fignification, des 29. & 30. Octobre 1720. &c. Requête incidente donnée à la Cour par ladite Communauté contre ledit Seigneur de St. Julien, tendante en inhibitions & défenfes audit Seigneur de St. Julien de vendre les herbages néceffaires pour les beftiaux d'Entrevenes & de St. Julien , ni préjudicier à la faculté de dépaître des Suplians, à peine de 1000. liv. d'amende, dépens, dommages & interêts, decret, acte foit mis au fac & fignifié , du 3. Novembre 1722. fignifié à Me. Amoureux ledit jour & an, par Artaud, Huiffier en la Cour ; Expedient définitif offert par lefdits Confuls & Communauté d'Entrevenes audit Seigneur d'Efcalis & Arnoux , avec la fommation à l'accorder & reçû copie du 4. Novembre 1722. Extrait d'Arrêt rendu par la Cour, entre les Confuls & Communauté du Lieu d'Entrevenes & frere Henri d'Efcalis, Chevalier de l'Ordre de St. Jean de Jerufalem, Oncle, Tuteur de Sextius d'Efcalis de Sabran , Baron d'Anfoüis , Sr. de Bras & dudit St. Julien , portant entr'autres que ladite Communauté d'Entrevenes verifiera fes moyens poffeffoires, & partie au contraire , en datte du 14. Janvier 1622. collationné Accaron, le reçû copie du 5. Novembre 1722. Amoureux ; Autre extrait d'Arrêt rendu par la Cour tenant la Chambre des Eaux & Forêts , entre les Confuls & Communauté de l'Efcale & fieur Melchior de Serre , du 14. Mars 1722. collationné , Heraud , le reçû copie du 5. Novembre 1722. Amoureux; Autre extrait d'arrêt rendu par la Cour tenant la Chambre des Eaux & Forets , entre le fieur de Fabry , Cofeigneur de Fabregues , & Me. Fabre , Notaire Procureur en la Judicature d'Aups, du 17. Mars 1722. collationné , Heraud , le reçû copie du 5. Novembre 1722. Amoureux ; Extrait de déliberation du Confeil de la Communauté qui aprouve l'expedient offert au Procès, du 27. Septembre 1722. collationné , Ricany Greffier , le reçû copie du 5. Novembre 1722. Amoureux ; Extrait de verbal d'accedit & defcription des lieux contentieux fait par Me. Barthelemi Puech nôtre Confeiller au Siége d'Aix à la Requête de fieur Sextius d'Efcalis , fieur de Sabran , des 26. 27. 28. & 29. Janvier 1621. collationné , figné Heraud , le reçû copie au bas, du 20. Juillet 1723. Veirier pour Me. Amoureux ;

Extrait de déliberation du Conseil de la Communauté d'Entrevenes, du 13. Avril 1721. collationné, signé Accaron, le reçû copie du 23. Juillet 1723. Amoureux ; Extrait d'enquête faite à la
Requête des sieurs Consuls & Communauté d'Entrevenes, en exécution de l'Arrêt de la Cour sur les moyens possessoires, du 16.
Juin 1622. collationnné, Accaron, le reçû copie du 20. Juillet
1723. Veirier pour M^e. Amoureux ; Autre extrait d'enquête produit par ladite Communauté, des 10. 11. 12. Fevrier 1622. collationné, Heraud, le reçû copie du 20. Juillet 1723. Veirier pour
M^e. Amoureux ; Autre extrait de la déliberation du Conseil de lad.
Communauté qui donne pouvoir à Me Gilles d'offrir le second expedient dont s'agit, du 5. Mars 1723. collationné, Ricany Greffier, le reçû copie au bas du 15. Mars 1724. Amoureux ; Expedient offert par ledit M^e. Gilles, Procureur de ladite Communauté, audit Arnoux & sieur d'Escalis, le reçû copie du 15. Mars
1723. Amoureux. Au sac dudit Messire Guillaume d'Escalis, Sr.
de St. Julien ; Requête par lui presentée à la Cour, pour faire
dire qu'il sera reçû partie intervenante & jointe en l'instance y
mentionnée dont s'agit, pour requerir contre lesdits Consuls &
Communauté d'Entrevenes qu'en usant par les habitans d'Entrevenes de la faculté de dépaître à eux attribuée par l'Arrêt de la Cour
inhibitions & défenses leur seront faites d'envoyer dépaître leur betail dans les lieux complantés de chênes, & sur tout dans la sai-
son que les glands sont pendans aux arbres, & jusqu'après l'entiere
cuëillete d'iceux, à peine de confiscation du bétail qui sera trouvé
en contravention, & de telle amende que la Cour arbitrera, sauf
le dommage causé au proprietaire, decret le requiert en jugement
au premier jour & signifié, du 20. Mai 1722. signifié ledit jour
& an à M^e. Gilles Procureur adverse, par Fournier Huissier ; Cedule de presentation faite au Greffe par ledit Sr. de St. Julien,
du 22. dudit mois & an, signé Amoureux ; Sommation à plaider
à l'audience sur ladite intervention faite par M^e. Amoureux à M^e.
Gilles, le reçû copie du 21. Mai audit an, signé Gilles ; Extrait
d'Arrêt rendu par la Cour entre lesdites parties, qui reçoit la partie d'Amoureux intervenante & jointe, & à ces fins ordonne que
les parties écriront, fourniront & produiront pardevant le Commissaire ja député, du 22. Mai 1722. signifié ledit jour & an à
M^e. Gilles, par Fournier Huissier en la Cour ; Extrait de Sentence
du Lieutenant au Marquisat d'Oraison, entre le sieur de Lespeau
& les Consuls & Communauté d'Entrevenes, prenant la cause &
défense de quelques particuliers dudit Lieu, par laquelle lesdits
particuliers sont condamnés au payement du gland mangé par leur

bétail dans le terroir du Castelet, ainsi que plus à plein apert d'icelle du 23. Août 1623. Lions pour Mᵉ. Gilles ; autre extrait de Sentence arbitrale renduë sur l'apel de celle du Lieutenant au marquisat d'Oraison, par laquelle il est fait inhibitions & deffenses à la Communauté d'Entrevenes & ses habitans, de faire depaître ledit bétail, gros ni menu, dans les terres du sieur de Lespeau, où il y a chêne & autres arbres portant du gland, du 24. Mars 1626. collationné du Monge ; le reçû copie du 20. Janvier 1723. Lions pour Mᵉ. Gilles ; dénonce faite au Greffe de l'ordinaire par Catherine Bec contre les Bergers d'André & Balthazard Tardieux, ayant laissé aller environ deux trenteniers averages dans le gland que ladite Bec avoit à Salerne, du 10. Novembre 1659. collationné Isnard Greffier ; le reçû copie du 20. Janvier 1723. Lions pour Me Gilles ; autre extrait de dénonce faite au Greffe d'Entrevenes par Jeanne Romane, femme de Jean Armelin, contre Bernardin Mathieu Isoard & Pierre Sisteron, pour avoir trouvé trois trenteniers de leurs averages qui paissoient aux chênes de sa terre & mangeoient le gland, ledit average gardé par trois Bergers à bâton plantat, du 26. Octobre 1666. collationné Isnard Greffier, le reçû copie du 20. Janvier 1723. Lions pour Mᵉ. Gilles ; autre extrait de dénonce faite au Greffe d'Entrevenes par Esprit Moisson, de l'average de Balthazar Tardieu, au nombre de trois trenteniers trouvez dessous les chênes, du 9. Octobre 1669. collationné Isnard Greffier, le reçû copie du 20. Janvier 1723. Lions pour Mᵉ. Gilles &c. écrits, contredits, répliques, memoire instructif imprimé, fournis par lesdites parties, & tout ce que par icelles a été plus amplement fourni & produit dans leur inventaire de production & continuation ; les conclusions de nôtre Procureur General en la Cour du 15. Mars 1724. signées Rabasse, oüi sur le tout le raport de notre amé & féal Me Antoine de Gautier, Seigneur de Valabres, saint Pierre & la Molle, nôtre Conseiller en nôtredite Cour, Commissaire par icelle deputé, tout considéré.

Sçavoir faisons que nôtredite Cour par son Arrêt du jour & datte des presentes, faisant droit sur toutes les fins & conclusions des parties, ayant égard à la Requête incidente des Consuls & Communauté d'Entrevenes du 27. Avril 1722. a mis l'appellation & ce dont est apel, au néant, & par nouveau jugement, a declaré le decret du Juge de saint Julien du 24. Octobre 1720. & le raport fait en conséquence, nuls & de nul effet, & comme tels, les a cassés ; & néanmoins ayant aucunement égard à la Requête de Jacques Arceux du 19. Fevrier 1722. a condamné ledit Armelin au payement du gland mangé par son betail dans les terres de l'arrentement dudit Arnoux, & dont s'agit, & ce suivant l'estime & liquidation qui en sera faite dans le mois par Experts convenus ou pris d'office par le Commissaire Raporteur du present Arrêt, lesquels en procedant prendront toutes les informations requises & necessaires, oüiront témoins & sapiteurs, si besoin est, & auront égard à tout ce que de droit, & de même suite, sans s'arrêter à la Requête incidente de ladite Communauté d'Entrevenes du 3. Novembre 1722. dont les a demis & deboutez, faisant droit à celle dudit d'Escalis du 20. May audit an, a fait & fait inhibitions & deffenses aux habitans d'Entrevenes & à tous autres, de faire dépaître leurs bestiaux dans les champs complantez de chênes, pendant la maturité du giand, & ce depuis le 15. du mois d'Octobre de chaque année, jusques au dernier Decembre inclusivement, à peine de 300. liv. & des peines municipales, sauf & sans préjudice à ladite Communauté, en cas d'abus & de manque d'herbages, de se pourvoir ainsi qu'il appartient, pour être pourvû à un Reglement sur la quantité des herbages necessaires aux bestiaux des deux Communautez ; condamne les Consuls & Communauté d'Entrevenes à tous les dépens de l'Arrêt, ensemble à ceux de l'instance envers ledit d'Escalis, les autres entre ladite Communauté prenant le fait & cause d'Armelin, & ledit Arnoux, compensez.

Pour ce est-il que Nous, suivant ledit Arrêt & à la Requête dudit Messire Guilleaume Philipe d'Escalis, Seigneur dudit saint Julien d'Asse, mandons au premier des Huissiers de notred. Cour &c. Données à Aix en nôtredit Parlement, le 23. jour du mois de Mars, l'an de grace 1724. & de nôtre regne le neuviéme. *Signé* par la Cour, Accaron.

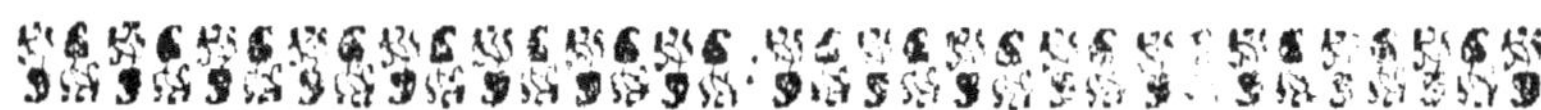

Arrêt qui déboute la Communauté d'Entrevenes de la Requête civile qu'elle avoit impetrée envers ledit Arrêt du 23. Mars 1724.

Du 14. Janvier 1726.

LOUIS, par la grace de Dieu, Roi de France & de Navarre, Comte de Provence, Forcalquier & Terres Adjacentes, à tous ceux qui ces presentes Lettres verront, Salut. Comme soit que par Arrêt cejourd'hui rendu en Jugement par nos amez & feaux Conseillers, les gens tenant nôtre Cour de Parlement audit Pays.

Entre les Confuls & Communauté d'Entrevenes demandeurs en Lettres Royaux en forme de Requête civile du 23. Avril 1725. envers l'Arrêt du 23. Mars 1724. d'une part.

Et noble Bernardin Barlatier nôtre Conseiller-Secretaire Audiencier en la Chancellerie près la Cour, Seigneur de St. Julien d'Affe, prenant le fait & caufe en main de Meffire Guilleaume Philippe d'Efcalis, Seigneur dudit faint Julien, & en tant que de befoin pour lui, deffendeur d'autre.

Par lequel Arrêt nôtredite Cour, oüi nôtre Procureur General, fans s'arrêter aux Lettres Royaux en forme de Requéte civile, impetrées par les Confuls & Communauté d'Entrevenes, ordonne que les Parties pourfuivront en execution de l'Arrêt de 1724. dont il s'agit, ainfi qu'il appartient; condamne lefdits Confuls & Communauté à l'amende de 450. liv. & aux dépens. Pour ce eft il que nous, fuivant ledit Arrêt. & à la Requête dudit fieur Barlatier, mandons au premier Huiffier &c. Données à Aix en nôtredit parlement le 14. Janvier, l'an de grace 1726. & de nôtre regne le 11. collationné par la Cour, figné Martin d'Amirat & fcellé.

***

ARREST RENDU PAR LE PARLEMENT

Entre Mr. le Chevalier d'Albert du Chaine, Marquis de Foz-Amphoux, & les Confuls & Communauté du même Lieu; par lequel Arrêt il a été jugé que les Vaffaux ne peuvent prétendre faire dépaître leurs beftiaux dans les fonds nobles de leurs Seigneurs fans en avoir raporté un titre & une conceffion, & ce nonobftant la poffeffion immemoriale que les Vaffaux en alleguoient, les criées du Seigneur l'ayant interrompuë.

Du 9. Juin 1730.

LOÜIS, par la grace de Dieu, Roy de France &c. Entre les Confuls & Communauté du lieu de Foz-Amphoux, tant en leur propre, que comme prenant le fait & caufe en main de Me. Pierre Garnier de la ville d'Aix, Avocat en la Cour, & ledit Me. Garnier apellant de Sentence renduë par le Lieutenant general au Siege dudit Aix, le 9. Juillet 1729. d'une part.

Et Meſſire Antoine d'Albert Duchaine, Chevalier de l'Ordre de ſaint Jean de Jeruſalem, Lieutenant des Vaiſſeaux du Roy, Marquis de Foz-Amphoux, heritier foncier de Meſſire Antoine d'Albert Duchaine ſon pere, Seigneur Marquis dudit Foz-Amphoux, Conſeiller du Roy en ſes Conſeils, Préſident à Mortier en la Cour, intimé, d'autre.

Vû &c.

Extrait de la Sentence dont eſt apel du 9. Juillet 1729. & pieces mentionnées au vû d'icelle, par laquelle ledit Lieutenant faiſant droit ſur toutes les fins & concluſions des Parties, ſans s'arrêter aux Requêtes des Conſuls & Communauté de Foz-Amphoux, prenant le fait & cauſe en main de Mᵉ. Garnier, des 9. Fevrier, 10. Mars & 30. Juin 1729. deſquelles les a démis & déboutés, & mis ſur icelle la Dame Préſidente & le ſieur Chevalier du Chaine hors de Cour & de Procès, & ayant égard à la Requête principale de ladite Dame du 22. Decembre 1728. & à celle incidente du ſieur Chevalier du Chaine du 13. juin 1729. ordonne que les deux dénonces faites contre ledit Mᵉ. Garnier le 16. dudit mois de Decembre feront exécutées, & condamne ledit Mᵉ. Garnier à la peine portée par les Arrêts & Réglemens de la Cour, avec inhibitions & défenſes tant audit Mᵉ. Garnier qu'aux habitans & poſſedans biens audit terroir de Foz-Amphoux & à tous autres qu'il apartiendra, de faire dépaitre ni jetter leurs troupeaux dans les biens nobles de ladite terre, à peine de 300. liv. d'amende & d'en être informé, & permet même de faire ſaiſir les beſtiaux qui ſe trouveront en contravention, condamne leſdits Conſuls & Communauté de Foz-Amphoux & Mᵉ. Garnier aux dépens &c. pluſieurs dénonces faites contre pluſieurs habitans du même Lieu &c. Au ſac deſdits Conſuls & Communauté de Foz &c. Extrait d'Arrêt rendu entre le Seigneur & la Communauté d'Ongles, qui admet la Communauté à la preuve de ſa poſſeſſion, employé pour ſervir de préjugé &c. Concluſions du Procureur général du Roi; Oüi le raport de nôtre amé & féal Conſeiller Mᵉ. Joſeph de Boutaſſi, Marquis de Chateaularc, Commiſſaire en cette partie député.

Sçᴀᴠᴏɪʀ faiſons que nôtredite Cour par ſon Arrêt du jour & datte des preſentes, a mis l'apellation au néant, ordonne que ce dont eſt apel tiendra & ſortira ſon plein & entier effet; a renvoyé & renvoye les Parties & matiere au Lieutenant pour faire exécuter la Sentence ſelon ſa forme & teneur, condamne leſdits Conſuls & Communauté de Foz-Amphoux, & ledit Garnier, à l'amende moderée à 12. liv. & aux dépens. Pour ce eſt-il que nous, suivant ledit Arrêt & à la Requête dudit sieur d'Albert du Chaine, Marquis de Foz-Amphoux, mandons, &c. Données à Aix le 9. Juin 1730. & de nôtre Regne le 15e. Par la Cour, *Signé*, Martin d'Amirat, & scellé.

ARRÊTS

SUR LE DROIT DE GLANDAGE.

ARREST RENDU PAR LA CHAMBRE des Eaux & Forêts, entre le Seigneur du Lieu d'Ongles & les Habitans du même Lieu; qui a jugé que le Seigneur & les Habitans ayant respectivement le droit de glandage, le Seigneur doit verser dans les forêts le tiers des cochons qu'elles peuvent recevoir, & les Habitans les deux tiers restans, si mieux la Communauté n'aime que les mêmes forêts soient partagées & qu'il en soit assigné un tiers au Seigneur, & les deux tiers restans aux Habitans

Du 3. Septembre 1732.

LOÜIS, par la grace de Dieu, Roi de France & de Navarre, Comte de Provence, Forcalquier & Terres adjacentes, à tous ceux qui ces présentes Lettres verront, SALUT. Comme soit que Procès ayant été mû pardevant nos amés & féaux Conseillers les Gens tenant nôtre Cour de Parlement de ce Païs de Provence tenant la Chambre des Eaux & Forêts.

Entre Noble Jean de Renaud, Seigneur d'Ongles, demandeur en exécution d'Arrêt d'expedient du 13. Juillet 1729. & au principal en Requête du 16. Novembre 1728. fins y contenuës, d'une part.

Et les Consuls & Communauté dudit Ongles, défendeurs & demandeurs, d'autre.

Et entre ledit sieur de Renaud, demandeur en Requête incidente du 13. Mai 1732. fins y contenuës, d'une part.

Et

Et lefdits Confuls & Communauté, défendeurs, d'autre.

Auquel Procès tant y auroit été procedé, que, vû par nôtred. Cour tenant la Chambre des Eaux & Forêts, le Procès d'entre les Parties, au fac dudit fieur de Renaud, un extrait d'Arrêt rendu par nôtredite Cour de Parlement le 15. Mars 1561. entre le Seigneur & les Confuls d'Ongles, communiqué le 13. Mai 1729. autre extrait d'Arrêt rendu entre le Seigneur & la Communauté d'Ongles au fujet des pâturages & glandages du 27. Juin 1618. autre extrait d'Arrêt de nôtredite Cour du 5. Avril 1623. rendu entre le Seigneur & ladite Communauté au fujet des glandages, communiqués le 13. Mars 1729. Requête donnée par ledit fieur de Renaud, avec la recharge, lettres & exploit y attachés, tendante à avoir des inhibitions & défenfes contre lefdits Confuls & Communauté d'introduire dans les Forêts telle quantité indéfinie de cochons au gré des habitans pour priver le Seigneur du reftant du gland, des 16. Novembre 1728. & 11. Janvier 1729. extrait d'Arrêt d'expedient de l'exécution duquel il s'agit, rendu par nôtredite Chambre, par lequel nôtredite Cour avant dire droit à la Requête dudit de Renaud du 16. Novembre 1728. quant à ce, fans préjudice du droit des Parties ni leur rien attribuer de nouveau, a ordonné & ordonne qu'il fera fait raport par Experts convenus par les Parties, autrement pris & nommés d'office par le Commiffaire Raporteur de l'Arrêt, de la quantité du gland qu'il y peut avoir année commune, dans les terres gaftes, bois & forêts du territoire d'Ongles, lefquels déclareront quelle quantité de cochons peut être nourrie dudit gland année commune, pour le raport fait, être définitivement pourvû, dépens à cet égard refervés, & fans s'arrêter au furplus de la Requête dudit de Renaud, a mis dès à prefent Jofeph Verdet, André Verdet & Jofeph Bernard hors de Cour & de Procès fans dépens à leur égard, du 13. Juillet 1729. extrait du raport fait par les Experts le 9. Fevrier 1731. autre raport fur le recours declaré par ladite Communauté du 13. Novembre 1731. extrait d'acte de nouveau bail des herbages & pâturages paffé par le Seigneur d'Ongles aux habitans dudit Lieu, moyenant le rente de 25. florins provençaux, du 17. Juillet 1469. &c. Au fac de ladite Communauté d'Ongles, &c. Conclufions du Procureur général du Roi; Oüi le raport de Me. Jean-Jofeph de Laugier, Seigneur de Beaurecuëil, Confeiller du Roi, Commiffaire; tout confideré.

Sçavoir faifons que nôtredite Cour tenant la Chambre des Eaux & Forêts, par fon Arrêt du jour & datte des prefentes, faifant droit fur toutes les fins & conclufions des Parties, & à la Re-

H.

quête principale dudit de Renaud du 16. Novembre 1728. & à sa Requête incidente du 13. Mars 1732. icelles interinant, lui a permis de verser dans les quatre forêts du territoire d'Ongles, le tiers de la quantité de 130. cochons fixée par le raport du 13. Novembre dernier , & aux habitans les deux tiers restans de la même quantité , avec inhibitions & défenses respectives de verser dans lesdites forêts une plus grande quantité de cochons , à peine de 100. liv. d'amende & d'en être informé, si mieux ladite Communauté n'aime qu'il soit procedé au partage des quatre forêts par des Experts convenus, autrement pris & nommés d'office par le Commissaire raporteur du present Arrêt, dont il sera distrait & separé un tiers pour la glandée des cochons dudit de Renaud , & les deux tiers restans pour la glandée des cochons des habitans, avec inhibitions & défenses respectives aux Parties de jetter leurs cochons dans les portions les uns des autres, sur les mêmes peines ci-dessus prononcées ; condamne la Communauté à tous les dépens, même à ceux reservés. Pour ce est-il que nous, suivant led. Arrêt &c. Données en nôtred. Cour tenant la Chambre des Eaux & Forêts séant à Aix, le 3. Septembre 1732. & de nôtre Regne le 18e. Par la Cour, *Signé*, Accaron. dûement scellé.

ARREST DU CONSEIL

Qui déboute la Communauté d'Ongles de la Requête qu'elle avoit donnée en cassation de l'Arrêt de la Chambre des Eaux & Forêts de Provence, du 3. Septembre 1732.

EXTRAIT DES REGISTRES DU CONSEIL D'ÉTAT.

VÛ par le Roi en son Conseil, l'Arrêt rendu en icelui le premier Juin 1733. sur la Requête presentée par les habitans du Lieu d'Ongles en Provence, tendante à ce qu'il plût à Sa Majesté, faisant droit sur ladite Requête , casser & annuller l'Arrêt de la Chambre des Eaux & Forêts près le Parlement d'Aix, rendu le 3. Septembre 1732. signifié à Partie le 12. du même mois, attendu l'état de la contestation , l'interêt public, celui d'une Communauté d'habitans, l'évoquer pour être fait droit au principal & sur le fonds par Sa Majesté, ordonner que la somme de 1364. l.

19. fols payée par lefdits habitans d'Ongles au fieur Renaud pour les dépens adjugés par ledit Arrêt leur feroit reftituée , enfemble l'amende confignée pour ladite Requête , condamner ledit fieur Renaud en tous les dépens faits par lefdits habitans pour raifon de l'inftance jugée par ledit Arrêt du 3. Septembre 1732. enfemble ceux de ladite Requête & autres à l'occafion d'icelle ; par lequel Arrêt Sa Majefté a ordonné que fon Procureur général au Parlement de Provence envoyeroit au Greffe du Confeil les motifs de l'Arrêt de ladite Cour du 3. Septembre 1732. Exploit de fignification dudit Arrêt au fieur Procureur général du Parlement de Provence , aportés au Greffe du Confeil le 4. Novembre 1733. pour fatisfaire audit Arrêt du Confeil : Vû auffi les pieces jointes par lefdits habitans du Lieu d'Ongles , le tout remis par devers le fieur Meliaud , Chevalier Confeiller du Roi en fes Confeils, Maître des Requêtes ordinaire de fon Hôtel , Commiffaire à ce député, qui en a communiqué au Bureau des Finances ; Oüi fon raport , & tout confideré.

LE ROI EN SON CONSEIL a ordonné & ordonne qu'il fera mis néant fur la Requête inférée en l'Arrêt du Confeil du premier Juin 1733. FAIT au Confeil d'État du Roi , tenu à Verfailles le 5. 1734. collationné , *Signé* , Derougny.

ARRÊTS

SUR LE DROIT DE PESCHE.

ARREST RENDU PAR LA CHAMBRE des Eaux & Forêts ; entre Messire Jean-Alexandre de Jassaud, Baron de Thorame basse & ses Vallées, les Consuls & Communauté & divers habitans du même Lieu ; par lequel Arrêt il a été jugé que le Seigneur haut justicier qui a la directe universelle, est en droit de prohiber la Pesche dans les rivieres non navigables ni flotables qui coulent dans le territoire de la Seigneurie, & ce nonobstant la possession que la Communauté alleguoit, les criées du Seigneur l'ayant interrompuë.

Du 20. Mai 1738.

LOÜIS, par la grace de Dieu, &c. Comme soit que Procès auroit été mû pardevant nos amés & feaux Conseillers les Gens de nôtre Cour de Parlement de nôtredit Païs de Provence séant à Aix, tenant la Chambre des Eaux & Forêts.

Entre Messire Jean-Alexandre de Jassaud, Seigneur du Lieu de Thorame basse & de ses Vallées, querelant en contravention sur le fait de la pesche, joint Mr. le Procureur général, d'une part.

Et Joseph Simian, dit Pistolet, laboureur du Hameau de la Valette au terroir dudit Lieu de Thorame basse, Honnoré Simian, dit Besson, Jean-Honnoré Simian, fils d'Etienne, berger, Dominique Simian, laboureur, Joseph Monges, fils de Jean Ange, berger, Loüis Vial de Claude, Jean Boyer de George & 17. autres particuliers y dénommés, querelés les uns decretés d'ajournement en personne, les autres d'assigné, d'autre.

Et entre les Consuls & Communauté dudit Lieu de Thorame basse, demandeurs en Requête d'intervention en ladite instance aux fins y contenuës, du 10. Septembre 1737. d'une part.

Et ledit fieur de Jaflaud, défendeur, d'autre.

Et entre Me. Antoine Florens Notaire, Claude Ranguin, Jofeph Amic & 19. autres particuliers y dénommés, tous dudit Lieu de Thorame baffe, demandeurs en Requête du 6. du mois de Septembre 1737. en opofition envers les déliberations des 19. Mai, 30. Juin & 18. Août audit an, d'une part.

Et lefdits Confuls & Communauté de Thorame, défendeurs, d'autre.

Et entre lefdits Confuls & Communauté de Thorame, demandeurs en Lettres Royaux incidentes de defaveu & de reftitution envers la déclaration faite par ledit Me. Florens pardevant Me. Gravier Notaire, du 14. Avril 1738. d'une part.

Et ledit fieur de Jaflaud, Baron de Thorame, défendeur, d'autre.

Et entre lefdits Confuls & Communauté de Thorame, demandeurs en Requête incidente en caffation des criées & ordonnances fur icelles renduës, foit par incompetance, voye d'apel ou autre de droit, & en autres fins fubfidiaires du 7. Mai audit an, d'une part.

Et ledit fieur Baron de Thorame, défendeur, d'autre.

Auquel Procès tant y auroit été procedé, que, vû par nôtred. Cour tenant la Chambre des Eaux & Forêts, le Procès, dans le fac d'une procedure criminelle, la Requête prefentée à nôtredite Cour par led. fieur de Jaflaud Baron de Thorame, contenant fa plainte fur la contravention à la pefche, pour en faire informer de l'autorité de nôtredite Cour, fignée par Me. Graffan fon Procureur, avec le decret portant qu'il en feroit informé par Me. de Villeneuve, Confeiller du Roi, pour ce qu'il y auroit à faire en cette Ville, & par le Juge gruyer de Thorame, pour ce qu'il y auroit à faire hors d'icelle, du 2. Octobre 1736. &c. cayer d'information prife par ledit Juge &c. les interrogatoires & réponfes de plufieurs decretés fur ladite information &c. autre Requête de querelle prefentée par ledit fieur Baron de Thorame, concernant une nouvelle plainte fur ladite contravention à la pefche, pour en faire informer de nouveau &c. la feconde information prife là-deffus &c. Dans le fac des pieces civiles dudit fieur de Jaflaud, Baron de Thorame, l'extrait de la premiere Requête de querelle par lui prefentée &c. extrait de tranfaction paffée entre Nobles Pierre & Antoine de Glandevés freres, Cofeigneurs de Thorame baffe, du 17. Avril 1440. extrait des hommages paffés au Roi René Comte de Provence, & à Charles d'Anjou fon fucceffeur, de la terre de Thorame en 1486. extraits de dénombrement de la place & Seigneurie de Thorame baffe, des 14. Juillet 1668. & 12. Novembre 1680. extrait de diverfes criées fur divers articles faites aud.

Lieu, depuis 1660. jufqu'en 1690. extrait d'une déclaration faite par le fieur Boyer au fujet de la permiffion à lui donnée par le Seigneur de Thorame de conftruire des foulons, du 2. Janvier 1690. autre extrait de permiffion donnée par le Seigneur de Thorame à Pierre Boyer de faire conftruire deux paroirs à fouler draps, moyenant la cenfive de 7. liv. annuelles & de dériver l'eau néceffaire de la riviere, du 5. Janvier 1695. Notaire Arnaud; extrait d'acte de nouveau bail portant la cenfive de 7. liv. en faveur dud. fieur de Thorame par Jean-Baptifte Monges pour deux foulons, du 2. Août 1723. Notaire Florens; extrait de diverfes criées annuelles & Seigneuriales faites audit Thorame depuis 1700. jufqu'en 1737. extrait d'Arrêt rendu par nôtredite Cour, entre les Confuls & Communauté du Canet & les Seigneurs dudit Lieu & Jean Aune, qui met ce dernier hors de Cour & de Procès, & maintient ladite Communauté en la poffeffion & joüiffance d'aller à la pefche dans les rivieres, fors & excepté dans la referve du fieur de Rafcas Seigneur dudit Lieu, du 15. Mai 1715. &c. extrait de Sentence arbitrale renduë entre le Seigneur de Thorame baffe & les Confuls & Communauté du même Lieu, du 3. Avril 1645. extrait de tranfaction paffée fur divers réglemens & droits entre le Seigneur & ladite Communauté, du 29. Juin 1667. reçû par Me. Augier Notaire de cette Ville &c. extrait de tranfaction paffée entre le Seigneur de Thorame & quelques particuliers dudit Lieu, du 21. Novembre 1655. &c. Dans un autre fac dudit fieur de Thorame, deux extraits de Requête de querelle & la groffe de fix informations prifes à la Requête du Procureur Jurifdictionnel de Thorame par le Juge dudit Lieu au fujet de la pefche ez années 1659. 1660. 1663. 1664. & 1669. &c. Dans un autre fac, une procedure criminelle faite de l'autorité de nôtredite Cour par le Juge gruyer de Thorame baffe à la Requête dudit fieur de Jaffaud, Baron dudit Lieu, fur l'empoifonnement de la riviere contre les coupables. Dans le fac des Confuls & Communauté dud. Lieu de Thorame contre ledit fieur de Jaffaud, extrait de Jugement rendu par les fieurs Commiffaires du Domaine, du 7. Mai 1667. &c. déliberation du Confeil de ladite Communauté, portant pouvoir d'intervenir au Procès au fujet de la pefche, du 18. Août dernier, collationné par Me. Monges Greffier; Ordonnance de M. l'Intendant qui leur permet d'intervenir, du 10. Septembre fuivant; Requête d'intervention du même jour; Arrêt du 23. Octobre, qui reçoit lefdits Confuls & Communauté parties intervenantes & jointes &c. extrait *pro duplicata* d'un Arrêt du Parlement de Grenoble rendu entre le Seigneur & les habitans de Solliés au fujet des eaux & autres, du 17. Avril 1546. extrait d'un Arrêt rendu par nôtredite Cour entre la Communauté de Bras & les Cofeigneurs dudit Lieu fur le fait de la pefche, du 16. Mars 1717. &c. Requête incidente prefentée à nôtredite Cour par les Confuls & Communauté, tendante à faire dire que fans avoir égard aux criées & ordonnances faites fur le fait de la pefche, le tout feroit declaré nul & incompetant, foit par voye d'apel ou autre de droit, & fubfidiairement d'etre reçûs à une preuve, le tout plus au long exprimé, avec le decret du 7. de ce mois de Mai ; extrait de l'avis arbitral raporté par la Communauté de Cipieres fur le fait de la pefche, du 19. Janvier 1737. &c. Dans un autre fac defdits Confuls & Communauté contre Mᵉ. Antoine Florens Notaire, Claude Ranguin, Jofeph Amic, & autres particuliers dudit Lieu de Thorame baffe ; un extrait du Jugement des fieurs Commiffaires du Domaine au fujet des regales dudit Lieu de Thorame baffe, du 7. Mars 1667. &c. Dans le fac des pieces civiles de Jean-Honnoré Boyer, Jean-Loüis Laugier, Loüis Vial, Antoine Monges & autres, &c. Dans le fac des pieces civiles de Pierre Gravier Conful dudit Lieu &c. Dans le fac des pieces civiles de Jean Pierre Boyer, Jacques Boyer, Pierre Daumas & autres &c. Dans le fac des pieces civiles de Dominique Simian, Jean Boyer de George & autres &c. les Conclufions définitives de nôtre Procureur général, fignées Boyer d'Eguilles ; Oüi par attenuation à côté du Bureau, lefdits Honnoré Simian fils d'Antoine, dit Beffon, Jean-Honnoré Boyer à feu Jean, Jean-Loüis Laugier, Jean Boyer fils d'Antoine, Loüis Vial à feu Claude, Jean Boyer de George, Jofeph Monges fils de Jean Ange, & Antoine Laugier fils de Jofeph ; & le Raport de nôtre amé & féal Confeiller en nôtredite Cour, Mᵉ. Jofeph-Antoine de Gautier, Seigneur du Poët, Commiffaire en cette partie député, tout confideré.

Sçavoir faifons que nôtredite Cour, tenant la Chambre des Eaux & Forêts, par fon Arrêt du jour & datte des prefentes, fans s'arrêter à la Requête d'intervention des Confuls & Communauté de Thorame, du 10. Septembre 1737. ni à leurs Lettres Royaux de defaveu du 14. Avril 1738. envers la déclaration dont il s'agit, non plus qu'à leur Requête incidente du 7. Mai fuivant en apel des Ordonnances renduës au bas des criées, & en fins fubfidiaires, * dont & du tout les a démis & déboutés, a mis &

* Ces fins fubfidiaires étoient d'être reçûë à prouver que de tout tems immemorial, les habitans avoient été à la pefche dans les rivieres & torrens qui ont leur cours dans l'étenduë du Fief & Seigneurie de Thorame.

met fur icelles ledit de Jaſſaud, Seigneur dudit Lieu, hors de Cour & de Procès, & l'apellation deſdites Ordonnances au néant ; ordonne au moyen de ce, que ce dont eſt apel tiendra & ſortira ſon plein & entier effet, condamne leſdits Conſuls & Communauté à l'amende moderée à 12. liv. & aux dépens deſdites qualités : & de même ſuite faiſant droit aux Requêtes de querelle dud. de Jaſſaud, des 2. Octobre 1736. & 10. Novembre 1737. pour les contraventions commiſes par leſdits Jean-Pierre Gravier, Jean Simian à feu Alexandre, Jean-Loüis Laugier, Jean-Baptiſte Simian, dit Piſtolet, Jean-Pierre Simian fils de Jean, Honnoré Blanc, Jean-Joſeph Boyer à feu Antoine, Jean-Honnoré Boyer à Jean, Jean-Pierre Boyer fils de Charles, Antoine Monges de Joſeph, Honnoré Bonnet, Jean Boyer de George à feu Antoine, Loüis Vial fils de Claude, Joſeph Monges fils de Jean Ange, Dominique Simian, Jean-Honnoré Simian fils d'Etienne, Honnoré Simian Beſſon, Joſeph Simian dit Piſtolet, & Jean-Honnoré Simian fils à feu Jean, Jacques Boyer fils de Jean, Pierre Boyer fils de Charles, Jean-Pierre Boyer fils de Jean, & Jean-Pierre Daumas, dit Dragene, les a condamnés & condamne en 20. ſols d'amende chacun envers Nous, & en 6. livres auſſi chacun envers ledit Jaſſaud pour toutes amendes & dommages interêts, les condamne en outre aux frais & dépens de Juſtice, pour toutes leſquelles adjudications il feront contraints, ſçavoir &c. leur a fait & fait inhibitions & défenſes de peſcher à l'avenir & de commettre ſemblables fautes ſous plus grande peine : & en ce qui eſt de la Requête en opoſition de Florens Notaire, Claude Ranguin & autres, nôtredite Cour ordonne que les Parties plus amplement oüies il y ſera fait droit ainſi qu'il apartiendra, dépens de cette qualité reſervés. Pour ce eſt-il que nous ſuivant ledit Arrêt, & à la Requête dudit ſieur Baron de Thorame baſſe & de ſes Vallées, mandons au premier des Huiſſiers de nôtredite Cour &c. Données à Aix en nôtredite Cour de Parlement tenant la Chambre des Eaux & Forêts, le 20. Mai l'an de grace 1738. & de nôtre Regne le 23e. Collationné, Par la Cour, *Signé*, Accaron, & ſcellé

ARRÊTS

SUR LE DROIT DE BUCHERAGE.

ARREST RENDU PAR LA CHAMBRE des Eaux & Forêts, entre Mrs. de l'Abbaye St. Victor, Seigneurs de Palaiſon, & les Conſuls & Communauté de Roquebrune; qui oblige les habitans de Roquebrune de ſe cantonner pour jouïr de leur droit de Bucherage dans la terre de Palaiſon.

Du 29. Fevrier 1732.

EXTRAIT DES REGISTRES DU PARLEMENT tenant la Chambre des Eaux & Forêts.

ENTRE l'Econome du venerable Chapitre de l'Abbaye Saint Victor de Marſeille, demandeurs en Requête du 27. Janvier 1731. & en reception d'Expedient, d'une part.

Et les ſieurs Conſuls & Communauté du Lieu de Roquebrune, défendeurs, d'autre.

Et entre leſdits ſieurs Conſuls & Communauté dudit Lieu de Roquebrune, demandeurs en Requête incidente du 13. Fevrier 1732; d'une part.

Et ledit Econome du venerable Chapitre de l'Abbaye St. Victor, défendeur, d'autre.

Vû &c.

Oüi le raport de nôtre amé & féal Conſeiller en nôtredite Cour, Meſſire Joſeph Edoard de Coriolis, Commiſſaire en cette partie deputé, tout conſideré.

LA COUR, tenant la Chambre des Eaux & Forêts, par ſon Arrêt du jour & datte des preſentes, ſans s'arrêter à la Requête incidente des Conſuls & Communauté de Roquebrune du 13. Fevrier 1732. de laquelle les a démis & déboutés, faiſant droit à la Requête principale de l'Econome du Chapitre St. Victor de Mar-

I

feïlle du 27. Janvier 1731. a ordonné & ordonne que par Experts convenus, autrement pris & nommés d'office par le Commiffaire raporteur du prefent Arrêt, il fera procedé au réglement & fixation des ufages concernant la faculté de couper du bois mort & vif de ladite Communauté de Roquebrune dans l'endroit du bois de Palaifon, qui fera defigné & confronté par lefdits Experts, & declaré par eux le plus commode aufdits habitans de Roquebrune & affez fuffifant pour pouvoir fournir à leurfdits ufages; a fait & fait inhibitions & défenfes aufdits Confuls & Communauté de Roquebrune de troubler ledit Econome de St. Victor dans la proprieté du furplus dudit bois de Palaifon, condamne lefdits Confuls & Communauté de Roquebrune aux dépens. Publié à la barre du Parlement de Provence féant à Aix tenant la Chambre des Eaux & Forêts, le 29. Fevrier 1732.

ARREST DU PARLEMENT

Portant que les Confuls & Communauté du Biot feront remettre au Greffe de la Jurifdiction du Seigneur du même Lieu, les raports qui avoient été remis rierc le Greffe de la Communauté, & fait défenfes au Greffier de la Communauté d'en recevoir à l'avenir.

Du 26. Mars 1722.

LOÜIS, par la grace de Dieu, Roi de France &c.
Entre M^e. Honnoré Saiffy, Greffier à l'Ordinaire, Jean Bourret, Gilles Guirard & Denis Ardiffon, Eftimateurs en l'année 1718. du Lieu du Biot, apellans de Sentence renduë par le Lieutenant au Siége de Graffe le 18. Mars 1719. d'une part.

Et Honnoré Guirard marchand, & les Confuls & Communauté dudit Lieu du Biot, intimés, d'autre.

Et entre ledit Saiffy, demandeur en deux Requêtes tendantes à faire condamner ladite Communauté à faire remettre rierc le Greffe du Seigneur tous les raports depuis le premier Janvier 1718. & encore ceux qui ont été remis & expediés depuis le premier Decembre 1716. jour auquel ledit Saiffy eft entré en exercice & joüiffance, & en reftitution des droits des extraits qui ont été expediés du depuis, autrement qu'ils y feront contraints, & autres fins y contenuës, des 10. & 12. Juin 1720. d'une part.

Et lefdits Confuls & Communauté du Biot, défendeurs, d'autre.

Vû au fac dudit Guirard, l'acte de fommation &c. Oüi le raport de nôtre amé & féal Mᵉ. Jean-Loüis-Hyacinthe d'Hefmivi, Seigneur de Moiffac, nôtre Confeiller en nôtredite Cour, Commiffaire en cette partie député, tout confideré.

SÇAVOIR faifons que nôtredite Cour par fon Arrêt du jour & datte des prefentes, à mis les apellations & Sentence dont eft apel au néant, & par nouveau Jugement, fans s'arrêter à la Requête dudit Honnoré Guirard, ni à celle defdits Confuls & Communauté du Biot, des 9. Juin & 19. Octobre 1718. dont les à démis & déboutés, a mis fur icelles lefdits Jean Bourret, Gilles Guirard, Jean Ardiffon & Honnoré Saiffy hors de Cour & de Procès; & de même fuite faifant droit aux Requêtes dudit Honnoré Saiffy, des 10. & 12. Juin 1720. ordonne que les Confuls de ladite Communauté du Biot feront remettre au Greffe du Seigneur dudit Lieu, tous les raports qui ont été remis riere le Greffe de leur Communauté depuis le premier Decembre 1716. & reftitueront audit Saiffy les droits des extraits qui ont été expediés; à quoi ils fatisferont dans la huitaine, autrement ils feront contraints pour la fomme de 300. liv. enfemble pour le montant defdits droits; comme auffi a fait inhibitions & défenfes au Greffier de ladite Communauté de recevoir à l'avenir aucun raport à peine de 100. liv. condamne en outre tant ledit Honnoré Guirard que ladite Communauté du Biot aux dépens envers toutes les parties pour les qualités chacune les concernant. Pour ce eft-il que nous, fuivant ledit Arrêt & à la Requête dud. Mᵉ. Honnoré Saiffy Greffier à l'Ordinaire, mandons &c. Données à Aix en nôtredit Parlement, le 26. Mars l'an de grace 1722. & de nôtre Regne le 7ᵉ. Collationné, Par la Cour, *Signé*, Accaron.

ARRÊT

SUR LE CRIME DE FELONIE.

JUGEMENT EN DERNIER RESSORT rendu par Messieurs les Commissaires délegués par S. M. entre Messire Jean-Etienne de Thomassin, Marquis de St. Paul, Président à Mortier, & les Consuls & Communauté du même Lieu de St. Paul, la Noblesse & la Province y étant en qualité. Par lequel Jugement il a été décidé que les biens réünis au Fief par crime de félonie, ne restent pas taillables à concurrence des sommes düës aux créanciers hypotequaires, quoi que le montant des hypoteques ait été payé par le Seigneur, & ce conformement à un Arrêt de Réglement rendu par la Cour des Aides, en la cause du Seigneur de Broves, dans lequel la Noblesse & la Province étoient aussi en qualité. Ce Jugement porte encore que les mêmes biens réünis au Fief & vendus par le Seigneur, peuvent lui servir de matiere de compensation.

Du 14. Janvier 1732.

ENTRE Messire Jean-Etienne de Thomassin de Cabre, Chevalier, Marquis de St. Paul, Vicomte de Raillanne, Seigneur de Rognac, Fuveau & autres Lieux, Conseiller du Roi en ses Conseils, Président à Mortier en la Cour de Parlement de ce Païs, demandeur en exécution de Sentence arbitrale du 30. Octobre 1719. d'une part.

Et les Consuls & Communauté dudit Lieu de St. Paul lès Durance, défendeurs, d'autre.

Et entre lesdits Consuls & Communauté de St. Paul, demandeurs en Requête incidente du 26. Avril 1720. tendante à faire dire qu'un certain moulin à bled & crotte situés au terroir dud. Lieu, & qui confrontent la riviere de Durance, seroient declarés roturiers, encadaftrés & fujets à la taille, attendu qu'ils relevent de la Commanderie d'Aix, & en condamnation des arrérages des tailles, d'une part.

Et ledit fieur Préfident de St. Paul, défendeur, d'autre.

Et entre lefdits fieurs Confuls & Communauté de St. Paul, demandeurs en autre Requête incidente du 23. Mai 1720. tendante en recours à la Cour, comme arbitre de droit, du raport de liquidation mis en queuë de ladite Sentence arbitrale, du 30. Octobre 1719. & en condamnation des arrérages des tailles des biens des nommés Leidets, jufques au concurrent de la dot de Catherine Coquilhat, époufe de l'un d'iceux, & en rejet d'un état en papier commun pour la compenfation des biens nobles avec les roturiers par voye d'apel à fins fubfidiaires de ladite Sentence arbitrale au chef concernant l'admiffion dudit état, d'une part.

Et ledit fieur Préfident de St. Paul, défendeur, d'autre.

Et entre ledit fieur Préfident de St. Paul, demandeur en Requête du 27. Janvier 1723. tendante à faire proceder d'office à la nomination d'Experts pour la confection d'un nouveau cadaftre renvoyée en Jugement fur la recharge, par decret du 26. Fevrier 1723. d'une part.

Et lefd. Confuls & Communauté de St. Paul, défendeurs, d'autre.

Et entre lefdits Confuls & Communauté de St. Paul, demandeurs en autre Requête incidente du 11. Mars 1723. tendante en ampliation d'apel de ladite Sentence arbitrale & en recours de droit envers le raport de liquidation fait en conféquence au chef concernant les interêts adjugés & liquidés à occafion d'un prétendu furexigé de tailles, depuis la demeure & avant la demande judiciaire formée par ledit fieur Préfident de St. Paul, & encore au chef concernant la condamnation des dépens portée par ladite Sentence arbitrale & frais de liquidation, d'une part.

Et ledit fieur Préfident de St. Paul, défendeur, d'autre.

Et entre lefdits Confuls & Communauté, demandeurs en autre Requête incidente du 18. Mars 1723. tendante en caffation des exploits, procedure & réaffigné & de défaut obtenus par led. fieur Préfident de St. Paul, pour avoir contre lui des défenfes de fe fervir de fon Sergent ordinaire pour exploiter les mandemens émanés de l'autorité de la Cour, pour l'obliger à figner l'arpentage général fait en 1702. ainfi qu'il s'y eft obligé par la tranfaction de 1711. autrement qu'il feroit remis en l'état aux Experts qui procederont au nouveau cadaftre, lefquels déclareront la contenance & la qualité du bien prétendu ufurpé par les particuliers & autres fins y contenuës, d'une part.

Et ledit fieur Préfident de St. Paul, défendeur, d'autre.

Et entre lefdits Confuls & Communauté de St. Paul, demandeurs en autre Requête incidente du 23. Juin 1723. pour faire dire que l'arpentage de 1702. fervira de fixation & de régle, en conformité de la tranfaction de 1711. & autres fins y contenuës, d'une part.

Et ledit fieur Préfident de St. Paul, défendeur, d'autre.

Et entre ledit fieur Préfident de St. Paul, demandeur en Lettres Royaux du 21. Août 1723. aux fins y contenuës & fubfidiairement en refcifion envers la tranfaction paffée le 14. Septembre 1711. entre lui & lefdits Confuls & Communauté de St. Paul, d'une part.

Et lefdits Confuls & Communauté de St. Paul, défendeurs, d'autre.

Et entre lefdits Confuls & Communauté de St. Paul, demandeurs en autres Lettres Royaux incidentes du 20. Mai 1724. de reftitution envers l'expedient par eux offert le premier Juin 1719. concernant les interêts d'un prétendu furexigé pour les tailles année par année, adjugés de même par la Sentence arbitrale de 1719. enfemble envers les autres confentemens & actes aprobatifs faits pour le même chef, d'une part.

Et ledit fieur Préfident de St. Paul, défendeur, d'autre.

Et entre lefdits Confuls & Communauté de St. Paul, demandeurs en reception d'expedient offert le 22. Mai 1724. d'une part.

Et ledit fieur Préfident de St Paul, défendeur, d'autre.

Et entre ledit fieur Préfident de St. Paul, demandeur en Requête incidente du 19. Novembre 1726. tendante à faire dire qu'au cas que le premier état de compenfation des tailles qu'il avoit remis fût rejetté, la Communauté feroit condamnée à tous les dommages interêts qu'il pourroit avoir fouffert à ce fujet depuis ledit premier état jufqu'à la communication du fecond, d'une part.

Et lefdits Confuls & Communauté de St. Paul, défendeurs, d'autre.

Et entre les fieurs Procureurs des Gens des trois États de cette Province, demandeurs en Requête du 2. Decembre 1726. d'intervention & d'adherance aux fins prifes par ladite Communauté, concernant la demande de la franchife des tailles des biens de la confifcation faite à feu Antoine Leidet, & en outre faire dire que lefdits biens de la confifcation feront fujets aux charges du Roi, aux hypoteques des legitimes créanciers du condamné concernant celles de la Province, de la Viguerie & de la Communauté, & en rejet de l'état en compenfation, d'une part.

Et ledit sieur Président de St. Paul & lesdits Consuls & Communauté respectivement défendeurs, d'autre.

Et entre lesdits Consuls & Communauté de St. Paul, demandeurs en Requête incidente du 21. Janvier 1727. tendante à faire dire que la quittance concedée le 13. du même mois par Catherine Coquilhat, épouse d'Antoine Leidet, sera déclarée nulle, collusoire, feinte & simulée quant à la déclaration & aplication y exprimées, & que l'aplication faite par l'acte de vente du 13. Septembre 1719. tiendra, d'une part.

Et ledit sieur Président de St. Paul, défendeur, d'autre.

Et entre les sieurs Sindics du Corps de la Noblesse de ce Païs de Provence, demandeurs en Requête du 3. Fevrier 1727. d'intervention & d'adherance aux fins prises par ledit sieur Président de St. Paul, au chef concernant les biens confisqués à Antoine Leidet par crime de félonie, d'une part.

Et lesdits Consuls & Communauté de St. Paul, lesdits sieurs Procureurs des Gens des trois États, & ledit sieur Président de St. Paul, respectivement défendeurs, d'autre.

Et entre ledit sieur Président de St. Paul, demandeur en Requête incidente du 11. Fevrier 1727. en rejet & supression d'un mémoire imprimé communiqué le 11. Janvier precedent, & en biffement des termes injurieux qu'il contient, d'une part.

Et lesdits Consuls & Communauté de St. Paul, défendeurs, d'autre.

Et entre ledit sieur Président de St. Paul, demandeur en Requête incidente du 21. Janvier 1728. en dommages interêts par le défaut d'encadastrement des usurpations dans la terre gaste, & par le défaut de refection d'un nouveau cadastre, d'une part.

Et lesdits Consuls & Communauté, défendeurs, d'autre.

Et entre lesdits Consuls & Communauté de St Paul, demandeurs en Requête incidente du 16. Fevrier 1728. tendante en cassation des nouveaux baux y exprimés, contenant imposition de censives, d'une part.

Et ledit sieur Président de St. Paul, défendeur, d'autre.

Et entre ledit sieur Président de St. Paul, demandeur en Requête incidente du 30. Avril 1728. en réparation des erreurs & géminations commises lors & après la transcription du cadastre faite en 1671. & aux fins provisoires contenuës dans la même Requête, jointes au principal le 15. Janvier 1731. d'une part.

Et lesdits Consuls & Communauté de St. Paul, défendeurs, d'autre.

Et entre lesdits Consuls & Communauté de St. Paul, demandeurs en autre Requête incidente du 27. Fevrier 1731. en révocation de l'expedient par eux offert, au chef concernant les biens confisqués aux nommés Leidet en faveur dudit sieur Président de St. Paul, & pour faire dire qu'ils ne pourroient point être compensés, attendu la vente qu'il en a faite, d'une part.

Et ledit sieur Président de St. Paul, défendeur, d'autre.

Et entre ledit sieur Président de St. Paul, demandeur en reception d'expedient par lui offert le 28. Mars 1731. d'une part.

Et lesdits Consuls & Communauté, défendeurs, d'autre.

Et entre ledit sieur Président de St. Paul, demandeur en Requête du 28. Mars 1731. d'une part.

Et lesdits Consuls & Communauté de St. Paul, défendeurs, d'autre.

Et entre lesdits sieurs Procureurs des Gens des trois États de cette Province, demandeurs en Requête du 20. Juin 1731. aux fins d'être reçûs pardevant les Commissaires délegués par Sa Majesté parties intervenantes & jointes, comme ils l'avoient été pardevant la Cour des Comptes, Aides & Finances, d'une part.

Et ledit sieur Président de St. Paul & la Communauté dudit Lieu respectivement défendeurs, d'autre.

Et entre les sieurs Sindics du Corps de la Noblesse de cette Province, demandeurs en Requête du 21. Juin 1731. pour demander la même intervention qui leur avoit été accordée par la Cour des Aides, d'une part.

Et la Communauté de St. Paul & ledit sieur Président de St Paul, respectivement défendeurs, d'autre.

Et entre ledit sieur Président de St. Paul, demandeur en Requête incidente du 7. Juillet 1731. en réparation des erreurs faites dans le compte de la liquidation du droit de forain, d'une part.

Et lesdits Consuls & Communauté, défendeurs, d'autre.

Et entre lesdits Consuls & Communauté de St. Paul, demandeurs en Requête incidente du 17. Août 1731. en cassation de la procedure & en déboutement de la demande en réünion au Fief des maisons démolies, d'une part.

Et led. sieur Président de St. Paul, défendeur, d'autre.

Et entre ledit sieur Président de St. Paul, demandeur en Requête incidente du 8. Novembre 1731. tendante à faire dire que les maisons ruinées seront réünies au Fief noblement & immunes de toutes tailles, d'une part.

Et lesdits Consuls & Communauté de St. Paul, défendeurs, d'autre.

Et

Et entre lefdits fieurs Sindics du Corps de la Nobleffe, demandeurs en Requête incidente du 5. Decembre 1731. en adherance aux fins dudit fieur Préfident de St. Paul, tendantes à faire dire que les biens réünis à fon Fief de St. Paul par crime de félonie, feront nobles & exempts de tailles, & qu'en cas de vente ils feront compenfables comme les autres biens nobles, d'une part.

Et lefdits Confuls & Communauté de St. Paul, & lefdits fieurs Procureurs du Païs, défendeurs, d'autre.

Et entre lefdits Confuls & Communauté de St. Paul, demandeurs en autre Requête incidente du 12. du même mois de Decembre en condamnation des arrérages de tailles des biens roturiers poffedés par ledit fieur Préfident de St. Paul & de ceux qui feront declarés tels & intermediairement par lui acquis, & ce avec interêts année par année, & autres fins, d'une part.

Et ledit fieur Préfident de St. Paul, défendeur, d'autre.

Vû par nous Commiffaires délegués par Sa Majefté par l'Arrêt de fon Confeil d'Etat du 11. Juin 1729. toutes les pieces refpectivement produites par les Parties; l'Extrait de la Sentence arbitrale dont il s'agit, renduë led. jour 30. Octobre 1719. par M^{rs}. Bonfilhon & Ventre, anciens Procureurs au Siège de cette Ville, & encore par M^e. Decolla, Avocat, autre Arbitre pour les queftions de droit, par laquelle, faifant droit fur toutes les fins & conclufions des Parties tant par écrit que verbalement, il eft dit que ledit fieur Préfident de Thomaffin, Marquis de St. Paul, doit joüir de la qualité de forain, fuivant la déclaration faite par feu Meffire Jean-Baptifte de Thomaffin de Rognac fon pere, Seigneur dudit St. Paul, le 3. Avril 1690. & au moyen de ce, qu'il ne doit contribuer qu'aux impofitions de la Province, de la Viguerie & autres aufquelles les Seigneurs qui joüiffent de la qualité de forain font contribuables, fuivant les Arrêts de réglement, qu'il doit néanmoins être contribuable aux dettes paffives de la Communauté contractées & employées pour les deniers du Roi & du Païs, & autres impofitions concernant l'utilité du fonds, & à celles contractées pour la feule commodité perfonnelle des habitans, à l'égard feulement des biens roturiers par lui acquis après les dettes contractées, & qu'à ces fins il doit être cottifé féparement, & les Confuls & Adminiftrateurs de ladite Communauté tenus & obligés d'exprimer dans l'impofition le concernant, les caufes aufquelles il eft contribuable, à la charge qu'il ne participera point aux rentes & revenus de la Communauté; & attendu que nonobftant ladite déclaration faite par ledit feu fieur Jean-Baptifte de Thomaffin le 3. Avril 1690. de vouloir joüir de la qualité de forain, & celles des précedens Seigneurs , ledit sieur Jean-Baptiste de Thomassin & ledit sieur Président de St. Paul son fils , ont été cottisés & rendus contribuables à toutes les charges de ladite Communauté à l'instar des habitans jusques en l'année 1708. auquel tems lors de l'imposition il lui a été retranché trente sols pour chaque livre cadastrale , ladite Sentence arbitrale porte que ladite Communauté doit rendre & restituer audit sieur Président de St. Paul les sommes surexigées seulement depuis 29. années avant la demande formée par la Requête du premier Mars 1729. avec interêts depuis le jour de chaque payement , & faute de représenter les quittances depuis le jour de la cloture des comptes , conformement à l'avis de Me. Decolla convenu par les Parties , suivant la liquidation qui seroit faite du tout par lesdits Mes. Bonfilhon & Ventre Arbitres , en queuë de la Sentence ; d'autre part ledit sieur Président de St. Paul est condamné au payement des arrérages de taille des années 1716. 1717. & 1718. sous la déduction de la pension féodale de 300. liv. à lui dûë & des 120. liv. de reste du payement fait au sieur Lions , suivant l'énoncé en la quittance du premier Novembre 1726. pour être lesdits arrérages de taille compensés avec les surpayemens des années précedentes ; & en ce qui est de la compensation demandée par le sieur Président des arrérages de la pension de 205. liv. dûë par ladite Communauté à feu M. l'Evêque de Sisteron pour le capital de 4100. liv. il est dit qu'il doit être déduit & compensé au profit dudit sieur Président de St. Paul quarante livres pour les arrérages de la pension de cinq livres qui ont resté libres , dûës lesdites quarante livres le 21. Août 1718. tems de la mort de M. l'Evêque de Sisteron , ensemble cinq livres pour la paye échûë le 21. Août 1719. & que la compensation des 200. liv. du surplus assignées pour la dotation de la fondation faite par l'acte du 18. Mars 1699. doit être rejettée , & que ladite Communauté doit néanmoins être condamnée au payement des 1644. liv. 17. sols 6. den. ausquelles lesd. Arbitres liquident les arrérages desd. 200. liv. compris la paye du 21. Août 1718. pour être employées , suivant l'avis dudit Me. Decolla , par ledit sieur Président de St. Paul , ainsi & de la maniere qu'il seroit ordonné par M. l'Archevêque diocésain ; & quant à la compensation demandée par ledit sieur Président de St. Paul, du prétendu reste des 1136. liv. 13. sols 4. deniers de l'obligation passée par ladite Communauté le 22. Decembre 1706. en faveur de la Dame Gabrielle d'Arbaud , Dame de Rognac , mere dud. sieur Président , il est dit qu'elle doit être pareillement rejettée , attendu sa quittance finale raportée par ladite Communauté &

de ladite feuë Dame de Rognac mentionnée dans ladite déliberation du 11. Avril 1717. & en ce qui eft de la demande en compenfation faite par ledit fieur Préfident de St. Paul par fa Requête principale & par l'incidente du 19. Mai 1719. des biens nobles
aliénés ou ufurpés dans la terre gafte poffedés par les particuliers,
avec les biens roturiers par lui acquis & fes Auteurs, & de la
demande en compenfation & encadaftrement des biens nobles aliénés, faite par la Requête du 11. Juillet 1713. il eft dit, conformement à l'avis de Me. Decolla, que la Communauté doit con-
tefter l'état des biens nobles aliénés, remis par ledit fieur Préfident à Me. Rivier, fuivant les déliberations des 26. Novembre
& 29. Decembre 1713. defquels biens ledit fieur prétend la compenfation, & ce dans un mois, pour ce fait y être pourvû par
qui de droit : En queuë de l'extrait de cette Sentence arbitrale,
fe trouve inferé celui du raport de liquidation fait par les mêmes
Arbitres fous la même datte, figné ledit extrait Lieutaud Greffier des arbitrages, avec l'exploit de fignification à Me. Bremond
Procureur de ladite Communauté ; la Requête donnée par ledit
fieur de St. Paul en homologation de ladite Sentence arbitrale,
avec le decret de requiert en Jugement du 18. Mars 1720. & l'exploit de fignification fait à Me. Bremond Procureur de ladite Communauté le 19. dudit, figné Lions ; un acte interpellatif·fait au
Procureur de ladite Communauté &c. Et fur le tout, Oüi le raport de Mre. Antoine de Freffe, Sieur de Monval, Confeiller du
Roi en la Cour des Comptes, Aides & Finances, Commiffaire
en cette partie député ; tout confideré.

NOUS Commiffaires délegués par Sa Majefté par Arrêt de fon
Confeil du 11. Juin 1729. jugeant en dernier reffort, faifant droit
fur toutes les fins & conclufions des Parties, ayant aucunement
égard à la Requête des Confuls & Communauté de St. Paul, du
23. Mai 1720. & à celles d'intervention des Procureurs des Gens
des trois États de cette Province, des 2. Decembre 1726. & 20.
Juin 1731. avons mis & mettons l'apellation de la Sentence arbitrale du 30. Octobre 1719. & ce dont eft apel au néant quant
à ce, & par nouveau Jugement avons declaré & declarons l'état
de compenfation du 27. Octobre 1713. employé par Jean-Etienne
de Thomaffin, nul, & comme tel l'avons rejetté, & fans nous
arrêter à la Requête dudit de Thomaffin du 19. Novembre 1726.
avons mis & mettons fur icelle lefdits Confuls & Communauté
hors de Cour & de Procès ; & à l'égard des deux autres états de
compenfation du premier Septembre 1723. & 4. Fevrier 1728. ordonnons que la Communauté les contredira par les voyes de droit

dans deux mois, pour ce fait ou à faute de ce faire, & les parties plus amplement oüies, leur être dit droit, ainsi que de raison, au raport du Commissaire raporteur du présent Jugement: & ayant aucunement égard au recours de droit interjetté par la Communauté envers le raport de liquidation fait en conséquence de ladite Sentence arbitrale, ordonnons que par Experts convenus ou pris d'office par le même Commissaire, il sera procedé aux frais & dépens dudit de Thomassin à la séparation & liquidation du produit de l'imposition des quarteroniers concernant les habitans qui ne possedent aucuns biens ni maisons, & à la liquidation de l'excedent de la même imposition à l'égard de ceux qui étant allivrés dans le cadastre au dessous d'un quarteron, ont été néanmoins compris & cottisés dans les cazernets pour un quarteron, & ce année par année depuis le 3. Avril 1690. jour de la déclaration faite par le pere dudit de Thomassin de vouloir joüir de la qualité de forain, jusques à la derniere liquidation faite dans le susdit raport, avec interêts depuis la cloture des comptes de chaque Trésorier, dont & du tout sera fait déduction & compensation par rencontre, aux formes de droit, avec les sommes dües audit de Thomassin & mentionnées dans le susdit raport; & de même suite ayant égard à la Requête de la Communauté du 12. Decembre 1731. avons condamné & condamnons ledit de Thomassin au payement des arrérages des tailles de ses biens roturiers depuis ladite derniere liquidation, aussi avec interêts depuis la cloture de chaque compte, suivant la liquidation qui en sera faite par les mêmes Experts, lesquels en procedant ne rendront pas ledit de Thomassin participant à ladite imposition des quarteroniers pendant le tems qu'elle a eu lieu, pour être le tout pareillement compensé sur les sommes qui se trouveront dües aud. de Thomassin, à l'effet dequoi le cadastre & cazernets depuis 1690. seront remis ausdits Experts: & sur la Requête de la Communauté du 26. Avril 1720. avons mis & mettons ledit de Thomassin hors de Cour & de Procès: & sans nous arrêter à la Requête de la Communauté du 11. Mars 1723. en ampliation d'apel & recours de droit, ni à ses Lettres Royaux du 20. Mai 1724. dont l'avons démise & déboutée, ordonnons que le surplus de la Sentence dont est apel tiendra & sortira son plein & entier effet : & sans nous arrêter pareillement à la demande de ladite Communauté & adherance desdits Procureurs des Gens des trois États, tendante à faire condamner ledit de Thomassin aux arrérages des tailles des biens réünis à son fief par l'Arrêt de la Cour de Parlement du 15. Juin 1716. pour crime de félonie commis par Jofeph & Antoine Leidet freres , depuis fa poffeffion jufques à la vente defdits biens , & ce à concurrence de la valeur de ceux fujets aux hypoteques de Catherine Coquilhat , de Veran & autres créanciers de l'un defdits condamnés , ayant égard aux Requêtes d'intervention des Sindics du Corps de la Nobleffe de cette Province , des 3. Fevrier 1727. 21. Juin & 5. Decembre 1731. avons mis & mettons ledit de Thomaffin fur ladite demande , hors de Cour & de Procès ; & au moyen de ce , fur la Requête de la Communauté du 21. Janvier 1727. en fimulation de la déclaration & aplication faite dans la quittance concedée par Catherine Coquilhat , avons mis & mettons pareillement ledit de Thomaffin hors de Cour & de Procès ; & de même fuite fans nous arrêter à la Requête de la Communauté du 27. Février 1731. & adherance defdits Procureurs des gens des trois Etats , ayant égard à celle defd. Sindics de la Nobleffe , ordonnons que tous les fufdits biens réunis au fief & vendus par ledit de Thomaffin à Claude Leidet , par acte du 13. Septembre 1719. pourront lui fervir de matiere de compenfation pour l'affranchiffement des tailles des biens roturiers par lui poffedés ; & fur le furplus des demandes defdits Procureurs des gens des trois Etats , & adherance de la Communauté dans fa réponfe imprimée , communiquée le 11. Janvier 1727. avons mis & mettons ledit de Thomaffin , & lefdits Sindics de la Nobleffe , hors de Cour & de Procès , fauf les droits de la Province , de la Viguerie , & de la Communauté , contre le poffeffeur defd. biens : & fans nous arrêter aux Lettres Royaux , impetrées par ledit de Thomaffin , le 21. Aout 1723. aufquelles l'avons déclaré & déclarons non recevable & mal fondé , ni à fa demande fubfidiaire en raport preparatoire , ordonnons que la Tranfaction du 14. Septembre 1711. fera executée felon fa forme & teneur ; ce faifant , que la contenance des biens exprimés dans les nouveaux baux , reconnoiffances & titres emphiteutiquaires, ou équivalens , fera fuputée à raifon de deux mille quatre cens cannes la charge de femence , & autres mefures reglées par le raport de 1702. & que le total de ladite contenance deduit fur la totale contenance des biens contenus dans ledit raport & celui de 1711. l'excedent, fi aucun y en a , fera déclaré avoir été ufurpé dans la terre gafte, pour être encadaftré, fi fait n'a été , & fervir de matiere de compenfation aux formes de droit : & fans nous arrêter à la Requête dudit de Thomaffin , du 27. Janvier 1723. ni à celle du 28. Mars 1731. quant à ce , avant aucunement égard à celles de la Communauté des 18. Mars & 23. Juin 1723. avons fait & faifons inhibitions & défenfes audit de Thomaffin de fe fervir à l'avenir du

miniftere de fon Sergent ordinaire dans le lieu de St. Paul, pour
exploiter les mandemens de juftice émanés, tant de l'autorité des
Cours, que des Jurifdictions Royales, à peine de nullité defdits
exploits, & de tous dépens, dommages & interêts: & fans nous
arrêter à l'Arrêt de défaut du 8. Mars 1723. ni à celui rendu en
conféquence le 15. du même mois, que nous avons déclarés nuls,
& comme tels caffés, ordonnons qu'aux frais & dépens de ladite
Communauté, il fera procedé dans trois mois, pour tout delai pre-
fix & peremptoire, à la confection du nouveau cadaftre, dont il
s'agit, par les Experts ja nommés par la Communauté, ou par tels
autres qui feront nommés par les Procureurs du Païs, conformement à la Déclaration du Roi du 9. Juillet 1715. ordonnons en
outre, que les mêmes Experts verifieront & déclareront par un
raport feparé aux frais & dépens dudit de Thomaffin, fauf d'en
faire, les ufurpations par lui pretenduës faites dans la terre gafte,
fi aucunes y en a, pour lui fervir de matiere de compenfation fur
le pied de l'encadaftrement qui en aura été fait, le tout aux formes de droit: & en ce qui eft des autres ufurpations refpectivement prétenduës par les Parties, & de la Requête de la Communauté du 16. Février 1728. tendante en caffation des nouveaux baux
paffés par ledit de Thomaffin, attendu les qualités formées pour
raifon de ce, pardevant les Juges ordinaires, & les inftances depuis reglées pardevant un autre Commiffaire, en conféquence
du renvoi qui nous a été fait de tous les Procès & differens des Parties, par le fufdit Arrêt du Confeil, ordonnons qu'elles pourfuivront pardevant ledit Commiffaire, ainfi qu'il apartient, les dépens
defdites qualités joints au principal: & fans nous arrêter à la Requête dudit de Thomaffin du 21. Janvier 1728. dont nous l'avons
demis & debouté, avons mis & mettons fur icelle la Communauté hors de Cour & de Procès: & ayant aucunement égard à celle
du 30. Avril fuivant, avant dire droit à la reftitution des tailles
demandées par ledit de Thomaffin, concernant les doubles em-
plois ou geminations pretenduës faites fur fa cotte, ordonnons
qu'aux frais & depens dudit de Thomaffin, fauf d'en faire, il en
fera fait raport dans le mois, par les premiers Experts convenus
ou pris d'office, lefquels à cet effet verifieront & déclareront
s'il y en a & en quoi elles confiftent, pour ce fait, ou à faute
de ce faire, & les Parties plus amplement oüies, être pourvû au
raport du même Commiffaire, à ladite reftitution des tailles,
s'il y échoit; & fur le furplus des demandes & fins par lui prifes
dans ladite Requête, avons mis & mettons ladite Communauté
hors de Cour & de Procès, fauf audit de Thomaffin d'agir ainfi

qu'il verra bon être, pour faire diminuer à l'avenir la cottifation
des maifons pretenduës demolies : & fans nous arrêter à la Requête dudit de Thomaffin du 7. Juillet 1731. avons mis & mettons fur icelle la Communauté hors de Cour & de Procès, fauf
audit de Thomaffin de fe pourvoir par les voyes de droit, pour
faire reparer les erreurs par lui pretenduës faites dans le raport
de liquidation, fait en confequence de la fufdite Sentence arbitrale,
& cohartées dans ladite Requête : & fans nous arrêter à la Requête de la Communauté du 17. Août dernier, ayant aucunement
égard à celle dudit de Thomaffin du 8. Novembre fuivant, ordonnons que ladite Communauté donnera dans trois mois un homme vivant, mourant & confifquant, pour poffeder les maifons
deguerpies, dont il s'agit, autrement & à faute de ce faire dans
ledit tems, & icelui paffé, dès maintenant, comme pour lors, &
fans qu'il foit befoin d'autre Arrêt, déclarons lefdites maifons réünies noblement au fief, & immunes de toutes tailles, comme fi
elles n'avoient jamais été demembrées du fief : & ayant tel égard
que de raifon à la Requête dudit de Thomaffin du 11. Février
1727. ordonnons que les termes injurieux inferés contre ledit de
Thomaffin perfonnellement dans la reponfe imprimée de la Communauté, communiquée le 11. Janvier 1727. feront rayés & biffés
par le Greffier de la commiffion ; enjoignons en outre aux Confuls de St. Paul, lorfqu'ils plaideront avec leur Seigneur, de fe tenir dans les bornes d'une legitime défenfe, & dans les termes de
refpect qu'ils lui doivent : & fur le furplus des demandes, fins &
conclufions des Parties, les avons mifes & mettons refpectivement
hors de Cour & de Procès ; condamnons lefdits Confuls & Communauté de St. Paul, & ledit de Thomaffin, aux dépens du préfent Jugement, moitié chacun, refervé la vingtiéme d'iceux, comme ci-après ; tous les dépens de l'inftance des qualités jugées, entre toutes les Parties, compenfés, fors & excepté ceux concernant
la Requête defdits Confuls & Communauté du 26. Avril 1720.
aufquels les avons condamnés jufqu'au jour de leur defiftement ;
ceux des qualités interloquées, refervés, à l'égard defquelles nous
avons fixé à une vingtiéme les dépens du préfent Jugement. De-
liberé à Aix le 14. Janvier 1732. préfens, Mr. le Préfident de
Piolenc, Mrs. de Martini de St. Jean, de Ripert, d'Antoine, de
Bonnaud St. Pons, de Saqui de Colobrieres, & de Freffe Monval,
Raporteur ; tous fignés à l'Original.

Collationné par nous Greffier de la commiffion. Signé REGIBAUD.

ARRÊTS

Qui ont condamné les Gens d'Eglise qui possedent des biens dans les terres des Seigneurs féodaux, à leur payer un droit d'indemnité, ou de demi lods, de dix en dix ans ; & qui ont jugé que ce droit est imprescriptible.

ARREST DU PARLEMENT

Qui déclare que les Censives avec reserve de directe, conte-nuës dans un acte de nouveau bail de biens situés dans une terre où le Seigneur a la directe universelle, ne sont que de simples rentes ; & qui condamne l'Econome du Monas-tere St. Honnoré de l'Isle de Lerins à payer au Seigneur de la Rochette de Chanan un lods de vingt en vingt ans, ou un demi lods de dix en dix ans, ensemble les arrerages depuis vingt-neuf ans avant la demande.

Du 4. Juin 1655.

EXTRAIT DES REGISTRES DU PARLEMENT.

ENTRE l'Econome du Monastere St. Honnoré de l'isle de Lerins, Prieur du Prieuré St. Savornin & St. Martin, apel-lant de Sentence du Lieutenant de Sénéchal au Siége de Castellan-ne, du 4. Mars 1653. & défendeur en Requête incidente, d'une part.

Et Antoine d'Arquier, Sieur de Laval de Chanan, intimé aud. apel, & demandeur en ladite Requête incidente, d'autre.

Et entre ledit d'Arquier, demandeur en Requête d'assistance en cause & garantie, & autres fins y contenuës, & défendeur en au-tre incidente, d'une part.

Et ~~ledit Econome~~ défendeur & demandeur, d'autre.

Charlet. Sagui

Vû

Vû par la Cour le Procès ; la Sentence dont est apel , ensemble les pieces mentionnées au vû d'icelle, par laquelle ledit Econome a été condamné de bailler dénombrement & passer reconnoissance des terres & des proprietés qu'il a dans l'enclos du terroir de la Rochette en la qualité qu'il les possede audit sieur de Laval de Chanan , comme Seigneur universel dudit Lieu de la Rochette, & par même moyen de lui payer les arrérages de redevance dont lesdits biens se trouvent chargés depuis 29. ans , & lui donner homme vivant, ou payer le droit d'indemnité , comme aussi ledit Econome a été condamné aux dépens , du 4. Mars 1653. Lettres d'apel relevé par ledit Econome, dûëment exploité audit d'Arquier , du 10. Mai & 30. Juillet audit an ; donnation d'une quatriéme du Chateau de la Rochette par Pierre Isnado , en faveur de l'Abbé & Monastere de St. Honnoré de Lerins , du 18. Avril 1609. dénombrement des biens , fonds, rentes , censes, droits & devoirs que possede noblement ledit Econome , du 27. Octobre 1541. quatre actes de lods & investitures passées par le rentier dudit Monastere en faveur de Bougarel , des 27. Fevrier 1606. 2. Janvier 1623. 23. Novembre 1629. & 30. Decembre 1638. Requête de commission à Mr. le Commissaire de Seignier ; copie de Bulles d'Alexandre 4e. du 18. Mai 1298. délais à presenter les actes apellatoires du 18. & 25. Octobre 1673. Arrêt à écrire rendu entre lesdites Parties, du 17. Novembre audit an ; Requête incidente & dont est question , donnée à la Cour par ledit d'Arquier ; Exploit du 10. Mars 1654. extrait d'acte d'homage & serment prêté de fidélité , passé en faveur dudit d'Arquier, du 12. Mai 1653. Regiſtres des reconnoissances passées par les particuliers manans & habitans du Lieu de la Rochette en faveur d'Honnoré de Castellanne de Laval de Chanan , de tous les biens situés audit lieu & son terroir en 1507. autres regiſtres des reconnoissances passées par les susdits en faveur dudit sieur de Castellanne en l'année 1586. dénombrement & hommage fait au Roi par Loüis de Castellanne du 27. Fevrier 1561. actes d'arrentement passés par le sieur d'Oraison de la terre de la Rochette, en faveur d'Antoine Alziani, du 6. Juillet 1626. acte d'arrentement des terres situées aux terres de la Rochette & autres places, passé par Arnaud Procureur dudit sieur d'Oraison en faveur de Raphaël Lyons dudit la Rochette , du 24. Octobre 1630. autre acte d'arrentement passé par le sieur d'Oraison en faveur d'Henri Roubaud du 23. Novembre 1640. extrait d'acte de nouveau bail passé par les Religieux dudit Monastere en faveur dudit Sacqui , du 5. Janvier 1638. Requête d'ajournement & garantie dont est question prefentée à la Cour par ledit de Laval, & dûëment exploitée aud. Sacqui, du premier Mars 1655. Requête de fubrogation à Mr. le Confeiller de Bonfils; Arrêt à écrire de jonction rendu entre ledit d'Arquier & Sacqui, du 8. Avril 1655. Arrêt rendu entre Claude d'Alagonia, fieur de Merargues, & Mre. Jean Laugier, Vicaire dudit lieu, du 26. Janvier 1559. autre Arrêt rendu en exécution du précedent, par lequel le Vicaire de Merargues eft condamné paffer reconnoiffance en faveur du Seigneur dudit Lieu, du 6. Janvier 1562. autre Arrêt rendu entre le fieur de Vauvenargues, & le Vicaire dudit Lieu, du 28. Mars 1580. autre Arrêt rendu entre Jean-François Fortis, Ecuyer de la Ville d'Aix, & le Sacriftain de l'Eglife St. Sauveur de ladite Ville, du 8. Novembre 1607. autre Arrêt rendu entre Meffire Vincens d'Ambrun, Prieur du Prieuré de Chateau Arnoux, & le Seigneur dudit lieu, du 7. Fevrier 1612. autre Arrêt rendu entre le Seigneur de St. Andiol, & les Confuls & Communauté dudit lieu, du 30. Juin 1617. autre Arrêt rendu entre le fieur de Rougnes, & l'Econome du Couvent de Nôtre-Dame des Carmes d'Aix, du 7. Novembre 1641. autre Arrêt rendu entre Mr. le Préfident de Galifet, & Mre. Bernardin Mingaud, du 28. Mai 1644. autre Arrêt rendu entre Jean-Baptifte Dedons, & Meffire Claude Gazel, Prieur du Prieuré du lieu d'Agoult, du 24. Juin 1652. extrait d'enquête faite par Turbes au Procès évoqué du fieur de la Barben, du 21. Octobre 1642. Arrêt rendu entre le Seigneur de la Barben, & frere Jean Palerne, Commandeur de la Commanderie St. Antoine de Marfeille, du 10. Mars 1649. autre Arrêt rendu entre le fieur de Gardane, & les Confuls & Communauté dudit lieu, du 10. Juillet 1653. Requête incidente & dont eft queftion, prefentée à la Cour par led. d'Arquier, & exploit du 21. Avril 1655. affoüagement des Villes & Lieux de ce Païs de Provence du 18. Avril 1647. acte de nouveau bail paffé par les Religieux dudit Monaftere en faveur de Charles Sacqui, du 9. Janvier 1638. Requête incidente dudit Sacqui & exploit, des 12. & 29. Avril 1655. Griefs, écrits & contredits, repliques & Requêtes démonftratives defdites Parties, & tout ce que par elles a eté fourni & produit tant dans leurs inventaires de production, que par Requêtes : Oüi le raport du Commiffaire député, tout confideré.

DIT A ÉTÉ que la Cour avant faire droit à l'apel & Requête dudit d'Arquier, fans s'arrêter à la prefcription avancée par ledit Econome, a ordonné & ordonne que ledit Econome dud. Monaftere St. Honnoré de l'ifle de Lerins, repréfentera & communiquera l'acte de donnation qu'il prétend avoir été faite par

Pierre Ismido, du 18. Avril 1109. en bonne & dûë forme, & sera aparoir par bons & valables titres, que ledit Ismido étoit Coseigneur pour une quatriéme de la Rochette de Chanan, située dans le Diocése de Glandeves, ensemble avoir possedé en ladite qualité les biens sur lesquels les Prieurés de St. Martin & de St Savournin ont été fondés, dépens reservés, ce qu'il fera dans trois mois précisement, autrement & à faute de ce faire dans ledit tems, & icelui passé, dès maintenant comme pour lors, a mis & met l'apellation & ce dont est apel, au néant, & par nouveau Jugement faisant droit au principal & ensemble aux Requêtes dudit d'Arquier, du 9. Mars 1654. 1. Mars 1655. 12. & 29. Avril 1655. a déclaré & déclare l'acte de nouveau bail passé en faveur de Charles Sacqui avec transport de Jurisdiction, ensemble tous les autres actes faits tant par l'Abbé, que ses prédecesseurs, avec reserve de directe au préjudice du Seigneur de ladite Rochette de Chanan, fondé en directe universelle, nuls & invalables, & nonobstant iceux la directe desdits biens apartenir audit d'Arquier comme Seigneur universel & foncier dudit lieu, & en cette qualité ordonne que ledit Econome lui passera reconnoissance des biens & domaines par lui possedés audit lieu de la Rochette, sauf audit Econome de retirer & percevoir les censives reservées par lesdits actes, comme simples rentes, faisant inhibitions & défenses audit Abbé, Econome & ses successeurs, de faire semblables contrats, à peine de nullité, & audit Charles Sacqui de se qualifier ni prendre le titre de Seigneur de St. Martin & Saint Savournin, à peine de 1000. liv. & autres arbitraires; condamne ledit Econome à payer audit d'Arquier & à ses successeurs en ladite terre de la Rochette de Chanan pour le droit d'indemnité, tant & si long-tems qu'il possedera lesdits biens & domaines, un lods de vingt en vingt ans, ou un demi lods de dix en dix ans; ensemble de payer pour tous arrérages du passé depuis 29. ans avant la demande, un lods entier, & encore un demi lods le terme de dix ans échû, le tout suivant l'estime, separation & liquidation qu'en sera faite par Experts dont les Parties conviendront dans trois jours pardevant le Commissaire raporteur, condamne ledit Econome aux dépens de l'Arrêt, tous les autres entre les Parties compensés. Publié à la barre du Parlement de Provence séant à Aix, le 4. Juin 1655.

SENTENCE ARBITRALE

Rendüe en faveur du Seigneur du Lieu de Niofelles, qui condamne l'Econome du Chapitre de Forcalquier à lui payer un demi lods de dix en dix ans, pour raifon du domaine de St. Marcellin, fitué dans le terroir dudit Lieu.

Du 3. Mars 1689.

EN la caufe arbitrale, qui eft entre les hoirs de Meffire Jean-Loüis-Antoine de Glandevés, fieur de Niofelles, demandeur en Requête de reprife d'inftance, & en tout cas par nouvelle action, aux fins y contenuës du 7. Juillet 1685. d'une part.

Et l'Econome du Chapitre de l'Eglife Concathedrale de la Ville de Forcalquier, défendeur d'autre.

Et entre ledit Econome, demandeur en Requête du 28. Janvier 1686. tendante à reprife d'inftance d'apel, relevé de Sentence rendüe par le Lieutenant au fiege de ladite Ville de Forcalquier du 21. Novembre 1656. & encore demandeur en Lettres Royaux de retenuë du principal de la matiere, incidemment apellant, tant de ladite Sentence du 20. Novembre 1656. que d'autre précedente rendüe par le même Lieutenant le 7. Août précedent, demandeur & défendeur en reception d'expedient, d'une part.

Et lefdits hoirs du fieur de Glandevés, Seigneur de Niofelles, apellans, intimés, demandeurs & défendeurs, d'autre.

Et entre les Confuls & Communauté dudit lieu de Niofelles, demandeurs en Requêtes tendantes, aux fins y contenuës du 3. Avril 1687. d'une part.

Et ledit Econome, défendeur d'autre.

Vû par nous Arbitres les actes de compromis à nous paffés par les fufdites Parties les 9. Janvier & 11. Février de la préfente année 1689. avec la prorogation au bas, du dernier dudit mois de Février, pour huitaine, & fur la premiere defdites trois inftances dans le fac dudit fieur de Niofelles, une Tranfaction paffée entre la Dame de Valavoire, & la Demoifelle fa fille, Dames dudit lieu de Niofelles, d'une part ; & les Confuls & Communauté du même lieu, d'autre, du 20. Août 1671. Requête, Lettres & Exploits d'ajournement pour ledit fieur Jean-Loüis-Antoine de Glandevés, pardevant Mrs. des Requêtes du Palais, contre l'Econome dudit Chapitre des 7. & 24. Septembre 1647. inventaire de communication dudit fieur de Glandevés, avec le reçû copie du 24. du mois d'Octobre même année ; Sommation à l'inftructoire pour prendre reglement du 25. dudit mois d'Octobre ; Jugement de Mrs. des Requêtes du Palais du 26. du même mois, pour apointement à écrire, fournir & produire ; extrait d'acte de donation faite par Ifnard & Beatrix mariés, en faveur de l'Abaye St. Victor; autre extrait de donation faite au même Monaftere, par Gadaldus de Caftro Agullia ; autre extrait de donation faite encore audit Monaftere, par Icard & Evime mariés, du mois de Juillet 1014. extrait d'Arrêt rendu, entre le fieur d'Alagonia, Seigneur de Merargues, & Mre. Jean Laugier, Vicaire du même lieu, du 16. Février 1562. autre extrait d'Arrêt rendu entre Dame Alix de Valavoire, Dame de Pierrerüe & de Niofelles, & l'Econome dudit Chapitre de l'Eglife Concathedrale de Forcalquier du 5. Avril 1585. autre extrait d'Arrêt rendu, entre Mre. François de Forefta, Seigneur de Château Arnoulx, & Mre. Vincens d'Ambrun, Prieur du Prieuré dudit lieu du 8. Février 1612. autre extrait d'Arrêt rendu, entre ledit Mre. François de Forefta, Seigneur de Ste. Tulle, & Mre. Claude Proleve, Prieur du Prieuré dudit lieu, du 4. Mars 1613. Requéte, Lettres & Exploits des hoirs dudit fieur de Niofelles des 7. & 17. Juillet 1685. reprife de ladite inftance formée en 1647. ou en tout cas par nouvelle action, écrits defdits hoirs avec le reçû copie du 11. Février 1686. contredits des mêmes hoirs avec le reçû copie du 31. Janvier 1687. Inventaire de production auffi defdits hoirs, avec le reçû copie du 14. Février 1689. Au fac dudit Econome, Donation faite par Ifnard & Dalmatia mariés, & leurs enfans, en faveur dudit Monaftere St. Victor, de la Chapelle St. Marcelin & domaines y attenans, de l'année 1031. Tranfaction paffée entre l'Econome dudit Chapitre, d'une part, & Jean Vero-Pol, & Guillaume Decorio, d'autre ; copie de la fufdite Requête de reprife d'inftance du 17. Juillet 1685. défenfes dudit Econome, avec le reçû copie du 29. Janvier 1686. écrits dudit Econome, avec le reçû copie du 19. Février de la même année ; copie de ladite Requête donnée par le fieur de Niofelles en 1647. avec le reçû copie du huit Février 1689. Extrait de l'inventaire de production fourni par ledit Econome, pardevant Mrs. des Requêtes du Palais le 5. Décembre 1647. avec le reçû copie du 8. dudit mois de Février 1689. contredits dudit Econome, avec le reçû copie du même jour 8. Février 1689. Inventaire de communication du même Econome, avec le reçû copie du 29. Janvier 1686. En la 2e.

deſdites inſtances, & au ſac de l'Econome, copie de la Requête
d'icelui, donnée au Lieutenant de Forcalquier le 23. Juillet 1656.
Sentence renduë par ledit Lieutenant le 7. Août de ladite année;
autre Sentence du même Lieutenant du 20. Novembre ſuivant;
Requête à la Cour dudit Econome pour avoir audiance; sommation à plaider du 20. Février 1658. extrait de compromis du 30.
Mai 1657. Requête donnée à la Cour par ledit Econome, tendante à le repriſe du 28. Janvier 1686. Inventaire de communication, avec le reçû copie du 19. Février 1686. copie de Requête des hoirs dudit ſieur de Nioſelles du 7. Janvier 1687. expedient dudit Econome, avec le reçû copie du dix-ſeptiéme Mai
même année; extrait d'Arrêt du Parlement de Touloufe du 27.
Août 1616. copie d'Arrêt du Conſeil du dix-huit Mars 1666.
copie d'expedient deſdits hoirs du 16. Mars 1688. Letttes d'A-
pel incidentes dudit Econome, avec l'Exploït des 26. Mai & 25.
Septembre 1688. copie d'un Edit du Roi, touchant les Décimes
du mois de Février 1657. Inventaire de production dudit Econome, avec le reçû copie du 8. Février 1689. Au ſac deſdits hoirs
dudit ſieur de Nioſelles, copie de la Requête préſentée par ledit
Chapitre le 23. Juillet 1656. extrait de Sentence dudit Lieutenant
du 7. Août même année; copie de l'autre Sentence du 20. Novembre ſuivant; copie de la requête de repriſe 28. Juin 1681.
Requête incidente deſdits hoirs à la Cour & recharge du 7. & 21.
Janvier 1687. expedient deſdits hoirs du 17. Avril ſuivant; copie
d'expedient dudit Econome du 17. Mai 1687. autre expedient deſdits hoirs, avec le reçû copie du 16. Mars 1688. copie des Lettres d'Apel dudit Econome des 26. Mai & 25. Septembre 1688.
Inventaire de production deſdits hoirs, avec le reçû copie du 12.
Février 1689. Et en la 3e. deſdites inſtances, au ſac des Conſuls &
Communauté du lieu de Nioſelles, extrait de ladite Donnation
d'Iſnard & Dalmatia de 1031. Requête en ajournement au Lieutenant de Forcalquier de ladite Communauté, avec l'Exploït au
bas du 3. & 4. Avril 1687. copie des défenſes dudit Econome
du 19. Septembre 1687. Sentence de viſite du ſieur Evêque de
Siſteron du 25. Avril 1618. autre Sentence dudit ſieur Evêque
du 20. Février 1626. Inventaire de production de ladite Communauté du 14. Février 1689. Et au ſac dudit Econome la copie de la Requête de ladite Communauté des 3. & 4. Avril 1687.
Copie de ladite Donnation de 1031. défenſe dudit Econome avec
le reçû copie du 19. Septembre 1687. Inventaire de production
du même Econome avec le reçû copie du 19. Février 1689. &
tout ce que a été produit par leſdites Parties, tout conſideré.

NOUS Arbitres jugeant dans le tems de notre pouvoir, &

…aifant droit à la Requête en reprife des hoirs dudit ficur de Nio-
…elles du 7. Juillet 1685. fins contenuës dans leur Requête princi-
…ale du 7. Septembre 1647. fans nous arrêter aux exceptions dudit
…conome, avons condamné icelui à paffer reconnoiffance aufdits
…oirs, en qualité de Seigneur dudit Niofelles, du domaine de
…t. Marcellin, donné par ledit Ifnard & Dalmatia en 1031. & à
…eur payer le demi lods de dix en dix ans, dors en avant, & un
…eul demi lods pour tout le paffé; & de même fuite, avant fai-
…e droit aux apellations refpectives des Sentences du Lieutenant de
…orcalquier, fins & conclufions des Parties, fur le fait de la Dîme,
…yant aucunement égard à l'expedient dudit Econome, avons or-
…onné que lefdits hoirs verifieront dans trois mois par toute for-
…e & maniere de preuve, être en poffeffion de ne payer le droit
…e Dîme des biens roturiers, par eux ou leurs Auteurs poffedés
…ans ledit lieu de Niofelles, & compris en l'acquifition par eux
…aite de ladite terre, en 1628. que fur le pied du vingtain, qua-
…ante ans avant l'introduction de l'inftance formée par ledit Eco-
…ome en 1656. & ledit Econome au contraire, fi bon lui fem-
…le, pour ce fait être diffinitivement dit droit aux Parties, ainfi
…que de raifon; & à l'égard des biens roturiers acquis par les Sei-
…neurs dudit lieu, depuis l'année 1628. avons ordonné que lefdits
…oirs continueront de payer fur le pied du tréizain, comme les
…utres habitans, avec défenfes de mêler les gerbes & grains pro-
…enans defdits biens roturiers, avec ceux des autres biens, foit
…Nobles ou roturiers, poffedés par lefdits Seigneurs lors de ladite
…cquifition de 1628. ni de faire queües ni balicures plus grandes qu'il
…'eft permis par les Reglemens de la Cour, à peine de cent livres:
…t quant à la Requête des Confuls & Communauté de Niofel-
…es du 3. Avril 1687. avons mis ledit Econome, fur icelle, hors
…e Cour & de Procès, fauf aufdits Confuls & Communauté d'agir
…our raifon de l'aumône, contre le Prébandé dudit Niofelles,
…infi qu'ils verront bon être, dépens de la premiere inftance tou-
…hant le domaine de St. Marcellin, enfemble trois quints de no-
…re préfent Jugement, entre les Parties compenfés; ceux de la
…euxiéme touchant le fait des Dîmes, enfemble un quint defdits
…pices refervés; condamnant néanmoins lefdits Confuls & Com-
…nunauté aux dépens de l'inftance, les concernant, & au quint
…es mêmes épices. Déliberé à Aix le 3. Mars 1689. *figné* Saurin,
…rbitre, Gaftaud, Arbitre à l'Original.

Pour extrait du Greffe des conventions & arbitrages d'Aix, *figné*
…ERMONT.

Cette Sentence a été déclarée executoire par Arrêt de la Cour
du 13. Janvier 1690.

JUGEMENT DE LA CHAMBRE DES

Requêtes, qui a condamné Messire Pouyard, Recteur d'une Chapelainie dans le terroir d'Istres, à payer les arrérages du droit d'indemnité ou de demi lods depuis 29. ans avant la demande, avec interêts, & à continuer de dix en dix ans, quoi que Mre. Pouyard prouvât par un nombre de reconnoissances, que divers biens étoient soumis à la directe de sa Chapelainie ; laquelle directe il prétendoit indépendante de la directe universelle du Seigneur d'Istres. Et qui a jugé en même tems que le possesseur actuel devoit payer tous les arrérages dudit droit, sauf son recours contre les héritiers de son prédecesseur.

Du 7. Septembre 1717.

EXTRAIT DES REGISTRES DU PARLEMENT
tenant la Chambre des Requêtes du Palais.

ENTRE Dame Marguerite-Angelique Becaille, veuve & héritiere de Messire Maximilien Titon, Secretaire du Roi, demanderesse aux fins de l'exploit libellé du 20. Octobre 1713. d'une part.

Et Messire Elzear Pouyard, Prêtre de la Ville d'Arles, Recteur de la Chapelainie St. Raphaël, fondée dans l'Eglise Parroissiale & Collegiale Nôtre-Dame la Major dudit Arles, défendeur, d'autre.

Et entre ledit Messire Pouyard, demandeur en Requête en assistance de cause & garantie, qu'en cas qu'il fût condamné à des demi lods & autres droits pour raison des biens de ladite Chapelainie au-delà du tems de sa joüissance depuis sa mise en possession ; audit cas le sieur Nadal sera condamné à le relever & garantir de tout le surplus au-delà du tems, tant en principal, interêts que dépens actifs & passifs, du 26. Fevrier 1714. d'une part.

Et Jacques Nadal, Bourgeois dudit Arles, héritier de Messire Jacques Nadal son oncle, précedent Recteur de ladite Chapelainie St. Raphaël, défendeur, d'autre.

Et entre Messire Loüis Hector, Duc de Villars, Pair & Maréchal

chal de France, Chevalier des Ordres du Roi & de la Toifon d'Or, Gouverneur & Lieutenant Général pour Sa Majefté en Provence, Prince du Martigues, Seigneur d'Iftres, & autres lieux, demandeur en Requête d'intervention en l'inftance dont s'agit, d'entre ladite Dame Titon & Mre. Pouyard du 31. Janvier 1716. d'une part.

Et ledit Mre. Pouyard défendeur, d'autre.

Vû par la Cour tenant la Chambre des Requêtes, au fac de ladite Dame Titon, & de M. de Villars, l'exploit libellé d'affignation donnée de la part de ladite Dame, audit Mre. Pouyard du 20. Octobre 1713. figné Clement, Huiffier, dûëment controllé le lendemain par Moret; l'extrait de la Cedulle de préfentation faite au Greffe par Me. Mathieu, Procureur de ladite Dame de Titon du 3. novembre 1713. figné Roche; l'extrait d'un Arrêt fervant de préjugé du premier Juillet 1705. avec le reçû copie du 24. Février 1714. l'extrait abregé de l'acte de vente des Terres & Seigneuries de Berre, Lançon, Iftres, St. Mître, Entreffens & Chateauvieux du 4. Mai 1715. l'extrait de Procuration faite par M. de Villars, à Me. Mathieu fon Procureur, contenant pouvoir à icelui de donner Requête d'intervention dans l'inftance, dont s'agit, du 20. Mai 1715. la Requête d'intervention donnée par M. de Villars, pardevant ladite Chambre des Requêtes, tendante aux fins y contenuës, avec le décret de requiert en Jugement au premier jour, & fignifié du 31. Janvier 1716. & Exploit de fignification fait audit Me. Barry, Procureur dudit Mre. Pouyard du même jour & an; l'extrait de Reconnoiffance paffée par la Communauté d'Iftres, en faveur de la Reine Jeanne, Comteffe de Provence, Dame d'Iftres du 25. Mai 1379. fignés Mayol & Verdet, Greffier ; l'extrait de la Tranfaction paffée entre M. le Duc de Beaufort, Seigneur d'Iftres, & la Communauté dudit lieu du 15. Mars 1660. collationné, figné Gros ; l'extrait d'Arrêt d'expedient fervant de préjugé du 10. Juillet 1714. Au fac dud. Mre. Pouyard ; l'extrait du Teftament de Guillaume Etienne, Ménager dudit Arles, portant fondation de ladite Chapelanie St. Raphaël du 6. Septembre 1406. figné Etienne, Notaire, avec le reçû copie ; l'extrait de la Reconnoiffance paffée par le fieur Vincens de Caftellane, en faveur du Recteur de ladite Chapelanie St. Raphaël, d'un couffou au terroir d'Iftres du 28. Mai 1642. figné Mercurin, Notaire, avec le reçû copie ; autre extrait de Reconnoiffance paffée par le fieur Riord, en faveur de Mre. Nadal, d'un couffou audit terroir d'Iftres du 24. Mai 1700. l'extrait de la Cedulle de préfentation faite au Greffe, par Me. Barry, Procureur dudit Mre. Pouyard du 23. Novembre 1713. figné

M

Roche ; l'extrait du Jugement qui joint l'affiſtance en cauſe au principal , & ordonne que les Parties écriront & produiront au Greffe , pour au raport de Me. de Moiſſac , Commiſſaire ja député , être ordonné ce qu'il apartiendra , par raiſon du 16. Mars 1717. ſigné Aune, Greffier ; l'extrait de la Cedulle de préſentation faite au Greffe par Me. Autheman , Procureur dudit Nadal du 16. Mars 1714. ſigné Roche ; les concluſions des Gens du Roi du 4. Septembre 1717. ſigné Guinet ſubſtitut ; écrits & contredits deſdites Parties , & tout ce que par elles a été fourni & produit dans leurs Inventaires de production ; Oüi, ſur ce le raport de Mre. Jean-Loüis-Hiacinthe d'Heſmivy , Seigneur de Moiſſac , Conſeiller du Roi en la Cour de Parlement de ce païs de Provence , Commiſſaire en cette partie député ; tout conſideré.

DIT A ÉTÉ, que la Cour faiſant droit à l'exploit libellé de ladite de Becaille du 20. Octobre 1713. & à la Requête d'intervention du Duc de Villars du 31. Janvier 1716. a condamné & condamne ledit Pouyard à payer à ladite Becaille , les arrerages de demi lods courus depuis 29. années , avant la demande , avec interêts tels que droit ; & à continuer à l'avenir , *ſemel pro ſemper* , de payer au Duc de Villars un demi lods , de dix en dix ans, à compter du jour de ſon acquiſition ; le tout ſuivant l'eſtime & liquidation qui en ſera faite par Experts convenus ou pris d'office par le Raporteur du Procès ; comme auſſi à lui donner aveu & dénombrement de tous les biens qu'il poſſede dans le terroir d'Iſtres , dépendans de ladite Chapelanie St. Raphaël , ſauf le blame dans le tems du droit ; condamne en outre ledit Pouyard , aux dépens envers toutes les Parties , & de même ſuite ayant égard à la Requête dudit Pouyard du 26. Février 1714. a condamné ledit Nadat à le relever & garantir des arrerages des demi lods courus avant la miſe en poſſeſſion dudit Pouyard , & aux dépens actifs & paſſifs pour la ſuſdite qualité , enſemble à ceux de la garantie. Fait au Parlement de Provence , tenant la Chambre des Requêtes du Palais , ſéant à Aix , préſens Mrs. les Conſeillers de Meyronnet , d'Erouville , le Blanc Mondeſpin & d'Heſmivy , Commiſſaire le 7. Septembre 1717. collationné, Signé Aune.

Ce Jugement fût confirmé par Arrêt rendu au raport de Mr. le Conſeiller de l'Eſtang le 28. Juin 1723.

JUGEMENT RENDU PAR LA CHAMBRE
des Requétes du Palais, confirmé par un Arrét du Par-
lement ; par lesquels il a été jugé que Messire Laurens ,
Prêtre de Lançon, doit donner aveu & dénombrement, &
& payer un droit d'indemnité, ou demi lods de dix en dix
ans, à Madame le Maréchale Duchesse de Villars , fon-
dée en directe universelle audit Lançon ; quoi que Messire
Laurens donnât à la fondation de son Bénéfice l'époque de
1391. & qu'il prétendît que cette fondation étoit anterieu-
re à l'inféodation de la terre de Lançon.

Du 8. Janvier 1738.

LES Présidens & Conseillers du Roi en la Cour de Parlement de ce Pais de Provence, tenant la Chambre des Requêtes du Palais, à tous ceux qui ces presentes verront, S A L U T. Comme soit que Procès auroit été pardevant Nous mû.

Entre Messire Loüis Maximilien Titon de Villegenon, & Mre. Zacarie Titon de Chaman, Conseiller au grand Conseil, deman-deurs en Requête du 19. Janvier 1736. d'une part.

Et Messire Simon Laurens, Prêtre, Prieur de la Chapelainie Ste. Catherine, érigée dans l'Eglise parroissialle du lieu de Lançon, défendeur , d'autre.

Et entre Dame Jeanne-Angelique Roque de Varangeville, veuve & étant aux droits de Messire Loüis-Hector Duc de Villars, Pair & Maréchal de France, demanderesse en Requête d'intervention du 12. Octobre de ladite année 1736. d'une part.

Et ledit Messire Laurens, défendeur, d'autre.

Auquel Procès tant y auroit été procédé, que, vû par la Cour tenant la Chambre des Requêtes du Palais : Au sac desdits Mre. Titon & de Madame la Maréchale de Villars, la Requête en ajour-nement donnée par lesdits sieurs Titon contre ledit Messire Lau-rens, pour le faire condamner au payement d'un droit de demi lods & de l'indemnité à eux düe depuis le payement fait par Mre. Castellan, jusqu'au jour de l'alienation faite de la terre de Lan-çon, en faveur du feu Seigneur Maréchal de Villars, suivant la

M ij

iquidation qui en feroit faite par Experts, du 19. Janvier 1736. avec les lettres & exploit d'ajournement au bas, des 19. Janvier & 14. Fevrier de la même année, enfemble la réponfe dudit Mre. Laurens; la cedule de prefentation defdits fieurs Titon du 11. Octobre audit an, fignée Roche; extrait de procuration générale faite par lefdits fieurs Titon à Me. Mathieu Procureur au Parlement, du 8. Juin 1735. extrait de procuration faite & paffée à Paris par Madame de Villars en faveur dud. Me. Mathieu, du 13. Juillet audit an; Requête d'intervention en ladite inftance au nom de Madame la Maréchale de Villars, du 11. Octobre 1736. & exploit de fignification faite aud. Me. Barrallier du 12. dudit mois; cedule de prefentation de ladite Dame du 20. du même mois d'Octobre, fignée Roche; extrait d'acte de ceffion faite à Mr. Titon par Meffire Caftellan, Prieur de Ste. Catherine, de la fomme de 644. liv. 6. fols 8. den. pour droit d'indemnité, du 21. Août 1706. Notaire Laurens, avec le reçû copie du 7. Octobre 1736. extrait de reconnoiffance générale du 25. Mai 1379. paffée par les habitans de Lançon à la Reine Jeanne, Dame dudit lieu, par laquelle lefd. habitans déclarent fe foumettre au payement des droits de lods pour raifon des biens dudit territoire, avec le reçû copie du 23. Novembre 1737. extrait de la donnation faite en 1399. par Loüis II. Roi de Jerufalem & de Sicile, Comte de Provence, à Charles fon frere, Prince de Tarente, & à fes fucceffeurs, de la Baronie de Berre, Lançon, Iftres & autres Lieux, avec le reçû copie du 23. Novembre 1737. extrait de Jugement rendu par la Chambre des Requêtes le 27. Janvier 1714. au raport de Mr. le Confeiller de Blanc; autre extrait de Jugement de la Chambre des Requêtes par expedient du 9. Juillet de ladite année 1714. extrait de Jugement de ladite Chambre des Requêtes, du 9. Juillet aud. an; autre extrait de Jugement de ladite Chambre des Requêtes, rendu au raport de Mr. le Confeiller de Moiffac, le 11. Septembre 1717. avec le reçû copie dudit jour 23. Novembre; extrait d'Arrêt de la Cour rendu au raport de Mr. le Confeiller de Blanc, du 30. Juin 1735. avec le reçû copie du 23. dudit mois d'Octobre, figné Sounaillet; autre extrait d'Arrêt de la Cour rendu le 30. Mai 1737. en faveur de Madame la Maréchale de Villars, avec le reçû copie au bas du même jour 23. Novembre 1737. figné Sounaillet; conclufions de Mr. le Procureur général du 17. Decembre 1737. fignées Guinet, mifes au bas de la continuation d'inventaire de production de ladite Dame de Villars, du 23. Novembre audit an. Au fac dudit Meffire Laurens; la cedule de préfentation; défenfes dudit Meffire Laurens, avec le reçû copie du 22. Octobre 1736. signé Mathieu; extrait d'acte de nomination de Recteur à la Chapelainie Ste. Catherine du lieu de Lançon, du 13. Septembre 1432. avec le reçû copie du 14. Avril 1737. signé Mathieu; autre extrait d'acte de nomination de Recteur à ladite Chapelainie Ste. Catherine du lieu de Lançon, par les sieurs Laurens, Juspatrons d'icelle, du 10. Decembre 1462. Notaire Roustagny, avec le reçû copie dudit jour 14. Avril 1737. signé Mathieu; & tout ce que par lesdites Parties a été fourni & employé dans leurs inventaires de production, continuation d'inventaires de productions, & dans leurs écritures; Oüi le raport de Mre. Joseph-Charles de Mark de Panisse de Passis, Conseiller du Roi en ladite Cour, Commissaire à ce député, tout consideré.

Sçavoir faisons que la Cour tenant la Chambre des Requêtes du Palais, par son Jugement du jour & datte des presentes, faisant droit à la Requête desd. Titon, a condamné led. Laurens au payement du droit d'indemnité à eux dû depuis le mois de Fevrier 1706. jusques au jour de l'alienation faite de la terre de Lançon en faveur dudit feu Maréchal Duc de Villars : & de même suite, faisant droit à celle d'intervention de la Dame Maréchale de Villars, a aussi condamné ledit Laurens au payement des droits d'indemnité acquis à ladite Dame depuis le jour de ladite alienation, & c'est sur le pied de la valeur des biens dépendans du Prieuré Ste. Catherine, suivant l'estime & la liquidation qui en sera faite par Experts convenus ou pris d'office, & à continuer à l'avenir le payement d'un demi lods de dix en dix ans; à l'effet de quoi ledit Laurens donnera dans quinzaine aveu & dénombrement des biens dépendans dudit Prieuré, sauf le blâme, le tout avec interêts tels que de droit; condamne ledit Laurens aux dépens. Pour ce est-il que nous, suivant ledit Jugement, & à la requête desdits Messire Loüis - Maximilien Titon de Villegenon, Messire Zacarie Titon de Chaman, Conseiller au grand Conseil, & de Dame Jeanne-Angelique Roque de Varangeville, veuve, & étant aux droits de Messire Loüis-Hector Duc de Villars, Pair & Maréchal de France, mandons au premier des Huissiers de ladite Cour de Parlement tenant la Chambre des Requêtes du Palais. &c. Données à Aix en Parlement, tenant ladite Chambre des Requêtes du Palais, le 8. Janvier 1738. auquel Jugement ont été presens Monsieur le Président de Maliverni, Messieurs les Conseillers de la Molle, d'Esclapon, de Gautier & de Passis, Commissaire. Par mesdits Seigneurs, *Signé*, Aunc.

Arrêt qui confirme ledit Jugement.

Du 6. Mars 1739.

LOÜIS par la grace de Dieu, Roi de France & de Navarre, Comte de Provence, Forcalquier & Terres adjacentes, à tous ceux qui ces presentes Lettres verront, SALUT. Procès auroit été mû pardevant nos amés & féaux Conseillers, les Gens tenant nôtre Cour de Parlement audit Païs de Provence.

Entre Messire Simon Laurens, Prêtre Recteur de la Chapelainie Ste. Catherine, érigée dans l'Eglise Parroissialle du lieu de Lançon, apellant de Jugement rendu par la Cour de Parlement de ce Païs de Provence, tenant la Chambre des Requêtes du Palais, du 8. Janvier 1738. & anticipé d'une part.

Et Dame Jeanne Roque de Varengeville, veuve & étant aux droits de Messire Loüis-Hector Duc de Villars, Pair & Maréchal de France, Prince de Martigues, & en cette qualité, Seigneur de Lançon & autres lieux ; Messire Loüis-Maximilien Titon de Villegenon, Seigneur, Baron d'Oignon, & Messire Zacarie Titon de Chaman, Conseiller du Roi au grand Conseil, aux qualités qu'ils procedent, intimés, d'autre.

Auquel Procès, tant y auroit été procedé, que, vû par nôtred. Cour : Au sac de ladite Dame Duchesse de Villars & desdits sieurs Titon ; l'extrait du Jugement dont est apel dudit jour 8. Janvier 1738. par lequel la Cour tenant la Chambre des Requêtes, faisant droit à la Requête desdits de Titon &c. extrait de Jugement rendu par la Cour tenant la Chambre des Requêtes, le 25. Juin 1714. entre Dame Marie-Angelique Becaille, veuve & héritiere de Messire Maximilien Titon, alors Dame dudit Lançon, & Demoiselle Anne de Masargues, veuve d'Antoine Rouftan, Bourgeois dudit Lançon, en qualité d'héritiere de Messire Joseph Roustan sa fils, icelui en son vivant, Prêtre Recteur de la Chapelainie Ste. Catherine dudit lieu, qui condamne lad. Masargues en ladite qualité d'héritiere, au payement des droits de demi lods y mentionnés, avec le reçû copie au bas, du 10. Juin de ladite année 1738. extrait d'Arrêt du Conseil du 11. Juin 1736. intervenu entre le sieur de Chateaurenard & le Chapitre de St. Agricol d'Avignon, par lequel la contestation d'entre les Parties au sujet des droits d'indemnité & demi lods demandés audit Chapitre, a été renvoyée en ce Parlement, avec le reçû copie aussi au bas. Au sac dudit Messire Simon Laurens ; extrait d'acte en latin de nomination des Recteurs à ladite Chapelainie Ste. Catherine de Lançon, du 3. Septembre 1432. signé Estran Notaire, avec le reçû copie au bas ; autre extrait d'acte aussi en latin de nomination d'un Recteur à la même Chapelainie par les sieurs Laurens juspatrons d'icelle, du 10. Decembre 1462. Notaire Rostagny, collationné, signé Constans Notaire à nôtre Ville de Sallon, comme acquereur des écritures dudit Me. Rostagny, avec le même reçû copie au bas ; duplicata d'Arrêt rendu par le Parlement de Touloufe, entre Mre. Cesar, Duc de Vendome, la Dame de Lorraine son épouse,& la Communauté dudit lieu de Lançon du 30. Octobre 1657. avec le même reçû copie au bas, duplicata d'Arrêt du Conseil d'État privé du Roi, rendu à la poursuite de Mrs. les Archevêques, Evêques & autres Bénéficiers députés en l'Assemblée Générale du Clergé de France du 3. Août 1725. avec le même reçû copie au bas ; extrait en latin d'un autre acte du 8. Juin 1435. avec le reçû copie au bas de Me. Mathieu Procureur adverse ; écrits, contredits, repliques, mémoires instructifs des Parties, & tout ce que par elles a été dit, fourni & employé dans leurs Inventaires de production ; conclusions de notre Procureur Général en notredite Cour des 23. & 26. Juin 1738. 27. Février & 5. Mars 1739. signées Boyer d'Eguilles ; Oüi le raport de notre amé & féal Conseiller en notredite Cour, Me. François-Loüis de Gras, Commissaire en cette Partie subrogé, tout consideré.

Sçavoir faisons que notredite Cour par son Arrêt du jour & date des présentes, a mis l'apellation au néant ; ordonne que ce dont est apel tiendra & sortira son plein & entier effet, a renvoyé les Parties & matiere pardevant la Chambre des Requêtes, pour faire executer son Jugement suivant sa forme & teneur, condamne l'Apellant à l'amende moderée à 12. liv. & aux dépens.

Pour ce est-il que nous, à la Requête de ladite Dame Jeanne Roque de Varengeville, veuve & étant aux droits dudit Messire Loüis-Hector Duc de Villars, Pair & Maréchal de France, Prince de Martigues, & en cette qualité Seigneur de Lançon & autres lieux, mandons au premier des Huissiers de nôtred. Cour &c. Données à Aix en nôtredit Parlement le 6. jour du mois de Mars l'an de grace 1739. & de nôtre Regne le 24e. Par la Cour, *Signé* Accaron.

Il y a plusieurs autres Arrêts qui ont jugé la même question ; celui rendu au raport de Mr. le Conseiller de Lubieres le 21. Juin 1718. en faveur de Mr. le Conseiller de Volone, contre le Prevôt de Notre Dame de Chardavon.

Celui rendu au raport de Mr. le Conseiller de l'Estang le 21 Juin 1711. en faveur de Mr. le Président de St. Paul, contre l'Econome de l'Abbaye St. André lès Avignon, Prieur dudit lieu de S. Paul, raporté dans les consultations de Mr. Decormis tom. premier cent. 4. ch. 9. pag. 782.

Celui rendu en faveur de Mre. Jerome le Pelletier, Conseiller d'État ordinaire, Prevôt de Pignans, & en cette qualité Seigneur de Besse, contre Mre. François Tabisson, Chanoine de Barjolx, Recteur d'une Chapelainie fondée dans l'Eglise dudit lieu de Besse.

On trouvera encore dans la deuxième compilation de Boniface tom. 2. pag. 98. & 99. d'autres Arrêts qui ont jugé que les demi lods dûs en pareille occasion, sont imprescriptibles.

ARREST DU CONSEIL D'ETAT PRIVE' DU ROI

intervenu entre le Corps de la Noblesse & le Clergé de Provence ; par lequel Arrêt Mrs. les Sindics de la Noblesse ont été reçûs oposans envers l'Arrêt du Conseil, que le Clergé avoit obtenu le 3. Août 1725. & les défenses qui étoient portées par icelui ont été levées ; & sans s'arréter aux demandes de Mrs. les Sindics Généraux du Clergé de Provence, dont ils ont été déboutés ; il a été ordonné que les Parties procederont pardevant les Juges ordinaires des lieux en premiere instance, & par apel au Parlement de Provence, au sujet du droit d'indemnité demandé par les Seigneurs Féodaux, aux Ecclesiastiques qui possedent des biens fonciers dans leurs terres.

Du 16. Juin 1738.

EXTRAIT DES REGISTRES DU CONSEIL D'ÉTAT privé du Roi.

ENtre les Sindics du Clergé de Provence, demandeurs aux fins de la Requête inserée en l'Arrêt du Conseil du 3. Août 1725. & de l'exploit d'assignation donnée en consequence le 16. Mars 1728. d'une part.

Et

Et les Sindics du Corps de la Noblesse du Païs de Provence, défendeurs d'autre part.

Et encore entre lesdits Sindics dudit Corps de la Noblesse du Païs de Provence, oposans audit Arrêt du Conseil du 3. Août 1725. suivant leur Requête signifiée le 6. Novembre 1728. d'une part.

Et lesdits Sindics du Clergé de Provence, défendeurs à ladite oposition, d'autre part.

Et encore entre lesdits Sindics du Clergé de Provence, demandeurs aux fins de leur Requête verbale, inserée au Procès verbal du 27. du même mois de Novembre 1728. d'une part.

Et lesdits Sindics du Corps de la Noblesse du Païs de Provence, défendeurs à ladite Requête verbale, d'autre part.

Sans que les qualités puissent nuire, ni préjudicier aux Parties : Vû au Conseil d'État privé du Roi, &c. & généralement tout ce qui a été produit, joint & remis pardevers le sieur de Marchault d'Arnouville, Chevalier, Conseiller du Roi en ses Conseils, Me. des Requêtes ordinaire de son Hôtel ; oüi son raport, après en avoir communiqué au Bureau des affaires Ecclesiastiques, & tout consideré.

Le Roi en son Conseil a reçû & reçoit les Sindics de la Noblesse de Provence, Oposans à l'Arrêt du Conseil du 3. Août 1725. faisant droit sur ladite oposition, a levé & leve les défenses portées par ledit Arrêt, en consequence sans s'arrêter aux demandes des Sindics Généraux du Clergé de Provence, dont Sa Majesté les a déboutés, ordonne que sur les contestations pour raison des droits en question, les Parties procederont pardevant les Juges ordinaires des lieux en premiere instance, & par apel au Parlement de Provence ; sur le surplus des demandes des Sindics de la Noblesse de Provence, met Sa Majesté les Parties hors de Cour ; condamne Sa Majesté lesdits Sindics Généraux du Clergé de Provence ès noms qu'ils procedent aux dépens envers lesdits Sindics de la Noblesse de la même Province. Fait au Conseil d'État Privé du Roi, tenu à Paris le 16. Juin 1738. collationné, signé Hatte, avec paraphe.

LOUIS PAR LA GRACE DE DIEU ROI DE FRANCE ET DE NAVARRE, Comte de Provence, Forcalquier & Terres Adjacentes, au premier Notre Huissier ou Sergent sur ce requis ; Nous te mandons & commandons que l'Arrêt ci-attaché sous le contre-scel de Notre Chancellerie, ce jourd'hui rendu en Notre Conseil d'État Privé, tu signifies à tous qu'il apartiendra, à ce que du contenu en icelui perſonne n'en ignore, & fais pour ſon entiere execution à la Requête de nos amez & féaux les Sindics du Corps de la Nobleſſe du Païs de Provence, tous exploits & actes requis & neceſſaires ; de ce faire te donnons pouvoir, ſans pour ce demander autre permiſſion ni pareatis ; Car tel eſt Notre plaiſir. DONNE' à Paris le 16. jour du mois de Juin l'an de grace 1738. & de Notre regne le 23. Par le Roi, Comte de Provence en ſon Conſeil, *ſigné* Hatte. Dûement ſcellées.

ARRÊT

SUR LA JURISDICTION.

ARREST RENDU PAR LE PARLEMENT, *qui a jugé que les Juges des Seigneurs doivent connoître des cauſes de leur Communauté, tout comme de celles de tous leurs habitans qui reſident dans le fief.*

Du 19. Août 1724.

EXTRAIT DES REGISTRES DU PARLEMENT.

ENTRE les Conſuls & Communauté du lieu d'Aubagne, apellans de Sentence renduë par le Lieutenant de Senéchal de cette Ville d'Aix le 2. Décembre 1723. & anticipés, d'une part.

Et Sr. François Jean, Bourgeois du même lieu, anticipant d'autre.

La Chambre a mis l'apellation & ce dont eſt apel au néant ; & par nouveau Jugement faiſant droit au déclinatoire propoſé par les Parties de Chaudon ; ordonne que les Parties pourſuivront pardevant les Officiers d'Aubagne, ainſi qu'il apartient ; condamne la Partie d'Icard aux dépens, & ſera l'amende reſtituée. Fait à Aix en Parlement le 19. Août 1724. Collationné, *ſigné* Deregina.

ARRÊTS

SUR LE DROIT DE PRÉLATION.

JUGEMENT DE LA CHAMBRE DES
Requêtes , intervenu entre Meſſire Balthazar de Ville-
neuve , Marquis de Flayoſc , la Demoiſelle Catherine Be-
rard , veuve de Jean Sigaloux , & autres ; par lequel il a
été jugé que le Seigneur peut exercer le droit de prélation ,
bien que ſon fermier eût perçû le lods.

Du 27. Juin 1724.

EXTRAIT DES REGISTRES DE LA CHAMBRE DES
Requêtes du Palais.

ENTRE Mre. Balthazar de Villeneuve , Chevalier , Marquis de
Flayoſc , Seigneur de Barreme & autres lieux , demandeur aux
fins des exploits libellés des 21. Novembre 1719. & 3. Avril 1720.
& en reception d'expedient du 9. Mars 1724. d'une part.

Et Demoiſelle Catherine Berard , veuve & héritiere de Me. Jean
Sigaloux , Notaire Royal dudit lieu de Flayoſc , Claude & Eſprit
Heraud , Jean & Eſprit Fauchier , Blanche Gerard , veuve de Mathieu Heraud , & Jean & Joſeph Heraud ſes enfans , défendeurs
d'autre.

Et entre Eſprit Fauchier , Bourgeois du lieu de Flayoſc , demandeur en Requête incidente du 17. Août 1720. à l'encontre de
Blanche Gerard & ſes enfans , à ce qu'ils feront valoir la ceſſion
& indication par eux faite au Supliant ſur les fours & moulins ,
dont il s'agit , & que là où la prétention du ſieur Marquis de
Flayoſc & ſon prétendu retrait féodal auroient lieu ; ils ſoient condamnés ſolidairement à relever & garantir le Supliant de tout ce
qu'il pourroit ſouffrir & endurer pour raiſon de ce , même au
payement auſſi ſolidairement des ſommes cedées & indiquées en

principal interêts & dépens actifs paffifs, & de la garantie, d'une part.

Et Demoifelle Blanche Gerard, veuve de Mathieu Heraud, Jean & Jean-Joseph Heraud fes enfans, défendeurs, d'autre.

Et entre les Confuls & Communauté du lieu de Flayofe, demandeurs en Requète d'intervention en l'inftance, pour faire déclarer non recevable ledit fieur Marquis en fa prétention contre les Particuliers qui ont payé le droit de lods, & autres fins y contenuës du 24. Avril 1723. d'une part.

Et ledit fieur Marquis de Villeneuve, défendeur, d'autre.

Vû par la Cour tenant la Chambre des Requêtes du Palais, &c. Oüi le raport de Me. Lazare de Ravel, Confeiller du Roi, Commiffaire; tout confideré.

LA COUR, faifant droit fur toutes les fins & conclufions des Parties, ayant égard quant à ce, aux fins prifes par ledit de Villeneuve, dans fon Exploit libellé du 21. Novembre 1719. & à fon expedient du 9. Mars 1724. a condamné & condamne Claude & Efprit Heraud, & Catherine Berard, veuve de Jean Sigaloux, à vuider & défemparer audit de Villeneuve par droit de retrait féodal; fçavoir, ledit Claude Heraud fa part & portion des fours & moulins, dont s'agit, acquis de Blanche Gerard par acte du 22. Février 1695. pour la fomme de 300. liv. ledit Efprit Heraud, l'autre portion defdits fours & moulins venduë par Jean Roudier pour autres 300. liv. à Jean Sigaloux par acte du 6. Mai 1702. & défemparée par retrait lignager audit Efprit Heraud par acte du 23. dudit mois de Mai; & ladite Berard la portion des fours & moulins acquife par fon mari le 6. Décembre 1694. de Criftol Dinaty pour 3300. liv. enfemble l'autre portion à lui venduë par André d'Antoine le 11. Décembre de la même année pour 4668. liv. & les autres portions acquifes d'Efprit-Jean & Laurens Thomas le 16. Août 1701. & 21. Avril 1704. pour 336. liv. d'une part, & 372. liv. d'autre, avec reftitution des fruits depuis l'acte d'offre du 8. Novembre 1719. fuivant la liquidation qui en fera faite par Experts convenus ou pris d'office par le Commiffaire, Raporteur du préfent Jugement; étant préalablement rembourfés du prix defdites acquifitions avec interêts, droit de lods, fraix & loyaux coûts, fuivant la liquidation qui en fera faite par les mêmes Experts; condamne en outre lefdits Claude & Efprit Heraud, & ladite Berard aux dépens des qualités chacun les concernant; & avant dire droit au furplus des fins prifes dans ledit Exploit, ordonne que les hoirs de Jean Fauchier feront proceder dans fix mois à l'option définitive de l'autorité du Lieutenant Général de cette Ville d'Aix, fur la portion defdits fours & moulins apartenant à l'hoirie de François de Perier , fur le pied de l'eftime portée par le raport du 6. Juillet 1688. pour les fommes dont il raporta ceffion de Jofeph de Chazelle Pugnaire le 5. Mars 1708. & pour lefquelles il avoit été rangé au 23. dégré de ladite Sentence d'ordre du 23. Novembre 1686. dépens refervés, autrement, & à faute de ce faire dans ledit tems , & icelui paffé, dès maintenant comme pour lors , & en vertu du préfent Jugement , fans qu'il en foit befoin d'autre , a condamné & condamne lefdits hoirs de vuider & défemparer audit de Villeneuve ladite portion des fours & moulins , dont la joüiffance fût accordée audit Jean Fauchier par Sentence du 12. Juin 1708. avec pareille reftitution des fruits fuivant la liquidation des mêmes Experts , étant préalablement remboursés des 2200. liv. prix de l'eftime avec interèts ; les condamne audit cas , aux dépens les concernans ; & en ce qui eft d'Efprit Fauchier, ordonne que pardevant les mêmes Experts , il rendra compte dans le mois à ladite Gerard , Jean & Jofeph Heraud fes enfans , ledit de Villeneuve apellé , des fruits par lui perçûs depuis la St. Michel de l'année 1707. de la portion des fours & moulins à lui défemparée en engagement pour le payement des 900. liv. portées par l'acte du 25. Mai 1707. lefquels Experts imputeront & deduiront annuellement la valeur defdits fruits fur les interêts defdites 900. liv. & enfuite fur le principal ; & néanmoins fans préjudice du droit des Parties, & des preuves réfultantes du Procès, a permis & permet audit de Villeneuve de verifier par toute forte & maniere de preuve dans le mois, pardevant Roubaud, Juge de la Ville d'Aups , qu'à cet effet la Cour a commis , la fimulation & fraude du Contrat dudit jour 25. Mai 1707. pour ce fait ou à faute de ce faire , être définitivement pourvû aux fins & conclufions refpectivement prifes par les Parties, pour raifon de ce , ainfi qu'il apartiendra ; & fur la Requête d'intervention de la Communauté de Flajofe du 24. Avril 1723. fa qualité inftruite & les Parties plus amplement oüies , il y fera pourvû, dépens de ces qualités refervés. FAIT à Aix en ladite Chambre le 27. Juin 1724. Collationné , *figné* Aune.

Ce Jugement a été confirmé par un Arrêt du Parlement de Grenoble du 5. Septembre 1735. qui débouta encore les Particuliers des fins de non recevoir , qu'ils opofoient à Mr. le Marquis de Villeneuve Flayofc.

ARREST RENDU PAR LA COUR DES

Comptes, entre sieur Joseph Boëry, Seigneur du Lieu du Puget de Rostan, & la Communauté du même Lieu ; par lequel ladite Communauté fut chargée de prouver que le Seigneur eût acquis postérieurement à l'Arrêt du Conseil du 15. Decembre 1556. les biens énoncés en une Transaction du 7. Juillet 1577. que le Seigneur avoüoit avoir eté acquis des nommés Reynaud.

Du 26. Juin 1714.

EXTRAIT DES REGISTRES DE LA COUR DES COMPTES, Aides & Finances.

ENTRE les Consuls & Communauté du lieu du Puget de Rostan, demandeurs en Requête du 10. Juin 1712. tendante à faire declarer roturiers & sujets à la taille, les biens possedés par le Seigneur dudit lieu, & en autre incidente du 7. Mai 1713. aux fins y contenuës, d'une part.

Et sieur Joseph Boëry, Seigneur dudit lieu du Puget de Rostan, défendeur, d'autre.

Et entre ledit sieur Joseph Boëry, demandeur en Requête incidente du 15. Juin 1714. en exhibition du Cadastre de l'année 1550. & en reception d'expedient du 18. d'une part.

Et lesdits Consuls & Communauté dudit lieu du Puget de Rostan, défendeur, d'autre.

LA COUR, avant faire droit sur les fins & conclusions des Parties, ni leur rien attribuer de nouveau, ayant égard à l'expedient offert par Boëry quant à ce, ordonne que par Experts, dont les Parties conviendront, autrement nommés d'office par le Commissaire raporteur du present Arrêt, il sera fait raport, dans le mois, à la diligence de la Communauté du Puget, si les fonds que ledit Boëry possede dans ledit terroir, sont les mêmes que ceux qui sont mentionnés dans les actes produits par ladite Communauté, & s'ils ont été acquis postérieurement à l'Arrêt du Conseil du 15. Decembre 1556. lesquels Experts en procedant désigneront lesdits biens par confronts & contenance, & à ces fins les titres & cadaftres de la Communauté leur feront exhibés pour en prendre toûtes les inftructions & obfervations dont ils feront requis par les Parties, & s'informeront de tout ce qu'il apartiendra, avec pouvoir d'oüir temoins & fapiteurs fi befoin eft; ordonne en outre que ladite Communauté juftifiera dans le même tems d'un mois les Auteurs dudit Boëry avoir acquis après ledit Arrêt du Confeil du 15. Decembre 1556. la crotte de ville, les terres fituées au pive la grau & la combe, refervées par la tranfaction du 7. Juillet 1577. & dont s'agit : pour ce fait, ou à faute de ce faire, être définitivement fait droit par la Cour au raport du même Commiffaire, ainfi qu'il apartiendra par raifon, & néanmoins fur la demande dudit Boëry en exhibition du cadaftre de l'an 1550. en jurant par les Confuls au nom de ladite Communauté pardevant le premier Juge Royal requis non fufpect commis à cet effet, ne fçavoir ni avoir en leur pouvoir ledit cadaftre, ni défifter de l'avoir & détenir par dol & fraude, ni aucun particulier dudit lieu, a mis fur ladite demande la Communauté hors de Cour & de Procès, la condamne aux dépens de l'Arrêt, les autres refervés. F A I T en la Cour des Comptes, Aides & Finances du Roi en Provence féant à Aix, le 26. Juin 1714. Collationné, *Signé*, Fregier.

ARRESTS RENDVS PAR LA COVR DES

Comptes, entre Monfieur de Renaud, Seigneur d'Ongles, & les Confuls & Communauté du même Lieu ; par lefquels il a été jugé que les nouveaux baux donnés par les Seigneurs d'Ongles dans la terre gafte depuis le 15. Decembre 1556. feront compenfés avec les biens roturiers acquis par les Seigneurs depuis le même tems ; enfemble les ufurpations que le Seigneur juftifiera avoir été faites dans ladite terre gafte dont la proprieté eft au Seigneur, & qui auront été encadaftrées & poffedées par les particuliers depuis 30. ans.

Du 20. Juillet 1729.

EXTRAIT DES REGISTRES DE LA COUR DES COMPTES, Aides & Finances, tenant la Chambre des Vacations.

ENTRE Noble Jean de Renaud, Seigneur d'Ongles, demandeur en Requête du 8. Octobre 1728. d'une part.

Et les Confuls & Communauté dudit lieu d'Ongles, défendeurs d'autre.

Et entre lefdits Confuls & Communauté , demandeurs en Requête incidente du 2. Juin 1729. d'une part.

Et ledit Noble Jean de Renaud , défendeur d'autre.

APOINTÉ eft du confentement des Parties ; Oüi fur ce le Procureur général du Roi, que la Cour ayant aucunement égard à la Requête dudit de Renaud, a ordonné & ordonne que les nouveaux baux donnés par fes Auteurs dans la terre gafte depuis le 15. Decembre 1556. feront compenfés avec les biens roturiers acquis par lefdits Seigneurs depuis le même tems , enfemble les ufurpations que ledit de Renaud juftifiera avoir été faites dans ladite terre gafte dont la proprieté eft au Seigneur, qui auront été encadaftrés & poffedés par les particuliers depuis trente ans, à l'exception de celles qui font en des lieux fteriles qui feront remifes en terres gaftes , & ce fuivant la verification & liquidation qui en fera faite par Experts qui feront convenus par les Parties , autrement pris & nommés d'office par le Commiffaire ja député ; & de même fuite faifant droit à la Requête incidente defdits Confuls & Communauté du 10. Juin 1729. a déclaré la tranfaction paffée le 11. Septembre 1623. entre lefdits Confuls & Communauté & le Seigneur d'alors , & celle du 5. Septembre 1672. nulles , & comme telles les a caffées, & remis les Parties au même état qu'auparavant ; au moyen de ce ordonne que les biens affranchis par lefdites tranfactions feront retablis au cadaftre fuivant l'alivrement qui en fera fait par les mêmes Experts ; condamne ledit de Renaud au payement des tailles defdits biens depuis ledit jour 2. Juin dernier , fuivant la liquidation des mêmes Experts, dépens entre les Parties compenfés. FAIT au Greffe de la Cour des Comptes, Aides & Finances du Roi en Provence féant à Aix , le 20. Juillet 1729. Collationné , *Signé* , Geoffroi.

Arrêt qui a reçû cet Expedient.

EXTRAIT DES REGISTRES DE LA COUR DES COMPTES , Aides & Finances , tenant la Chambre des Vacations.

ENTRE Noble Jean de Renaud, Seigneur d'Ongles, demandeur en Requête du 8. Octobre 1728. d'une part.

Et les Confuls & Communauté dudit Ongles , défendeurs , d'autre.

Et entre lefdits Confuls & Communauté , demandeurs en Requête

quête incidente du 2. Juin 1729. & en reception d'expedient, d'une part.

Et ledit sieur de Renaud, défendeur, d'autre.

LA CHAMBRE ordonne que l'expedient dont il s'agit sera mis au Greffe pour être regiftré & expedié extrait aux Parties à l'effet d'icelui. FAIT à Aix en ladite Chambre le 20. Juillet 1729. Collationné, *Signé*, Geoffroi.

AUTRE ARREST RENDU ENTRE LES

mêmes Parties, qui a ordonné que les Experts commis par le précedent Arrêt, procederoient à la verification des ufurpations faites dans la terre gafte fur les Cadaftres, & tout de fuite à la compenfation defdites ufurpations encadaftrées ; par où il a eté jugé que le groffiffement des fonds de la terre gafte d'un Cadaftre à l'autre depuis le 15. Decembre 1556. eft une preuve fuffifante des ufurpations, & qu'elles font matiere de compenfation.

Du 12. Fevrier 1731.

ENTRE Noble Jean de Renaud, Seigneur du lieu d'Ongles, demandeur en exécution d'Arrêt du 20. Juillet 1729. & en Requête du 8. Janvier 1731. d'une part.

Et les Confuls & Communauté dudit Ongles, défendeurs, d'autre.

APOINTÉ eft du confentement des Parties ; oüi fur ce le Procureur général du Roi, que la Cour faifant droit fur toutes les fins & conclufions d'icelles, ayant égard à la Requête dudit de Renaud, a ordonné & ordonne que par les Experts ja commis, il fera procedé à la verification des ufurpations dont il s'agit fur les cadaftres remis par la Communauté, & fur les plus anciens qu'elle remettra fi bon lui femble, & tout de fuite à la compenfation defdites ufurpations encadaftrées, autres que celles que la Communauté juftifiera avoir été faites avant l'année 1556. au moyen de ce, enjoint aufdits Experts de continuer leur commiffion, condamne lefdits Confuls & Communauté aux dépens de l'incident. FAIT au Greffe de la Cour des Comptes, Aides & Finances du Roi en Provence, le 12. Fevrier 1731.

O

Arrêt qui a reçû ledit Expedient.

EXTRAIT DES REGISTRES DE LA COUR DES Comptes, Aides & Finances.

ENTRE Noble Jean de Renaud, Seigneur d'Ongles, résident en la Ville de Sisteron, demandeur en exécution d'Arrêt d'expedient du 8. Janvier 1729. & en Requête & fins y contenuës du 8. Janvier 1731. défendeur & demandeur en reception d'expedient, d'une part.

Et les Consuls & Communauté dudit Ongles, défendeurs & demandeurs d'autre.

LA COUR faisant droit sur les fins plaidées, sans s'arrêter à l'expedient offert de la part de la Communauté d'Ongles, a reçû celui dudit de Renaud, & au moyen de ce, ordonne qu'il sera mis au Greffe pour être registré & expedié extrait aux Parties à l'effet d'icelui ; condamne ladite Communauté aux dépens. FAIT à Aix en ladite Cour le 16. Fevrier 1731.

Arrêt qui déboute la Communauté d'Ongles de la Requête civile qu'elle avoit impetrée envers le précedent, la Province ayant adheré aux fins de la Communauté, & la Noblesse à celles du Seigneur.

Du 26. Mars 1732.

EXTRAIT DES REGISTRES DE LA COUR DES Comptes, Aides & Finances.

ENTRE les Consuls & Communauté du lieu d'Ongles, demandeurs en Lettres Royaux en forme de Requête civile, envers l'Arrêt rendu en Audiance le 16. Février 1731. & fins y contenuës du 22. Juin de ladite année, d'une part.

Et Noble Jean de Renaud, Seigneur dudit lieu, défendeur d'autre.

Et entre les sieurs Procureurs des Gens des trois États de cette Province, demandeurs en Requête d'intervention & adherance aux fins de ladite Communauté d'Ongles, & fins y contenuës du 7. Décembre 1731. d'une part.

Et ledit fieur d'Ongles, défendeur d'autre.

Et entre les fieurs Sindics de la Nobleffe de ce Païs de Provence, demandeurs en autre Requête d'intervention ; & fins y contenuës du 22. dudit mois de Décembre audit an, d'une part.

Et lefdits Confuls & Communauté d'Ongles, & lefdits fieurs Procureurs des Gens des trois États, défendeurs, d'autre.

LA COUR, faifant droit fur les fins plaidées, fans s'arrêter aux Lettres Royaux en forme de Requête civile impetrées par la Communauté d'Ongles, envers l'Arrêt dont il s'agit ; ni à la Requête d'intervention des Gens des trois États de cette Province, dont les a demis & déboutés, ayant égard à l'intervention des Sindics de la Nobleffe ; ordonne que ledit Arrêt du 16. Février 1731. fera executé fuivant fa forme & tencur ; condamne lefdits Confuls & Communauté d'Ongles, à l'amende de 300. liv. envers le Roi, & 150. liv. envers ledit de Renaud, & aux dépens de toutes les qualités envers ledit de Renaud, que defdits Sindics de la Nobleffe, ceux d'entre ladite Communauté & les Procureurs des Gens des trois États compenfés. FAIT à Aix en ladite Cour le 26. Mars 1732. Collationné, *figné* Ailhaud,

ARRÊTS

Qui ont jugé que les Seigneurs hauts juſticiers ne ſont pas ſoumis au payement du pain fourni aux priſonniers decretés de l'autorité de leurs Officiers , ni au droit de géole, dans les cas où il y a partie civile.

ARREST DU PARLEMENT

Intervenu entre Laurens Richier , Boulanger des priſons d'Aix , Thomas Monier , charretier , M. l'Evêque de Marſeille , Seigneur ſpirituel & temporel du lieu de Malemort , & Mrs. les Sindics de la Nobleſſe qui étoient intervenus en l'inſtance.

Du 13. Juin 1738.

EXTRAIT DES REGISTRES DU PARLEMENT.

ENTRE Laurens Richier , Mᵉ. Boulanger de cette Ville d'Aix , demandeur aux fins de l'Exploit du 3. Août 1737. tendant en déboutement d'opoſition , d'une part.

Et Thomas Monier , Charretier de la Ville de Marſeille , défendeur & opoſant d'autre.

Et entre ledit Richier , demandeur aux fins des Lettres d'aſſiſtance en cauſe & autres fins y contenuës du 14. Novembre 1737.

Et Meſſire François-Xavier de Belſunce , Evêque de ladite Ville de Marſeille , & en cette qualité , Seigneur temporel & ſpirituel du lieu de Malemort , prenant la défenſe de Jean-Antoine Gaſſaud , ſon Procureur Juriſdiétionel , défendeur d'autre.

Et entre ledit Monier , demandeur en Requête incidente , tendante en revocation , opoſition & caſſation du Décret de contrainte générale du 4. Décembre 1737. d'une part.

Et ledit Richier , défendeur d'autre.

Et entre les fieurs Sindics du Corps de la Nobleffe de cette Province , demandeurs en Requête d'intervention du 27. Février 1738.
d'une part.

Et lefdits Richier & Monier, & ledit fieur Evêque de Marfeille,
défendeurs , d'autre.

Et entre ledit Monier, demandeur en autre Requête incidente,
tendante en revocation , opofition & caffation du Décret de contrainte du 8. Février 1738. d'une part.

Et ledit fieur Evêque de Marfeille , défendeur , d'autre.

Vû , &c. les conclufions du Procureur Général du Roi en date
du 30. Mai 1738. fignées Boyer d'Eguilles ; Oüi le raport de Mre.
Pierre de Martini , Seigneur de St. Jean & autres places, Confeiller
du Roi en la Cour, & Commiffaire en cette partie député ; tout
confideré.

LA COUR faifant droit fur toutes les fins & conclufions
des Parties , fans s'arrêter à l'opofition dudit Monier , ni à fa
Requête incidente du quatriéme Décembre 1737. dont l'a demis
& débouté ; faifant droit aux fins prifes par ledit Laurens Richier
dans fon Exploit libellé du 30. Août précedent ; ordonne que le
Décret de contrainte de la Cour , & dont s'agit , fera executé felon fa forme & teneur ; & les executions dudit Richier continuées
pour fa fourniture & droit de géole ; & de même fuite faifant
droit à la Requête d'intervention des Sindics du Corps de la Nobleffe du 27. Février 1738. ordonne que fans s'arrêter à l'opofition dudit Monier , au Décret de contrainte des Fermiers des droits
Seigneuriaux du lieu de Malemort , obtenu de la Cour le 14. Juillet 1736. & au commandement par eux fait audit Monier le 20.
Juillet même année , dont du tout a demis & débouté ledit Monier , ordonne que les executions defdits Fermiers feront continuées ; & fur les fins prifes par ledit Richier dans fes Lettres d'affiftance en caufe du 14. Novembre 1737. & fur la Requête incidente dudit Monier du 8. Février 1731. a mis & met ledit Evêque, de Marfeille hors de Cour & de Procès ; condamne ledit Monier aux dépens envers toutes les Parties. Publié à la Barre du
Parlement de Provence féant à Aix le 13. Juin 1738.

ARREST DU PARLEMENT

*Rendu fur la méme matiere entre Jacques Gras du lieu de St.
Cezaire, Laurens Richier Boulanger des prifons d'Aix,
le Seigneur dudit lieu de St. Cezaire, & Mrs. les Sindics
de la Noblesse qui étoient intervenus en l'inftance.*

Du 25. Juin 1738.

EXTRAIT DES REGISTRES DU PARLEMENT.

ENTRE fieur Jacques Gras Maître Chirurgien du lieu de St.
Cezaire, demandeur en Requête du 13. Mai 1737. & en opofition au commandement à lui fait, d'une part.

Et Laurens Richier, Maître Boulanger de cette Ville comme
procede, défendeur, d'autre.

Et entre ledit fieur Gras, demandeur aux fins des Lettres en affiftance de caufe & autres y contenuës, d'une part.

Et Noble Antoine Crefp, Seigneur de St. Cezaire, défendeur,
d'autre.

Et entre ledit Richier, demandeur en Requête du 7. Fevrier
dernier, d'une part.

Et ledit fieur Gras & ledit Noble Antoine Crefp de St. Cezaire,
défendeur, d'autre.

Et entre les fieurs Sindics du Corps de la Nobleffe de cette Province, demandeurs en Requête d'intervention du 27. dudit mois
& an, d'une part.

Et lefdits Richier, Gras & de St. Cezaire, défendeurs d'autre.

LA COUR, oüi le Procureur général du Roi, fans s'arrêter à l'opofition de Gras, dont l'a démis & débouté, faifant droit
à la Requête de Richier, ordonne que fes exécutions feront continuées pour la fourniture du pain & droit de géole dont s'agit;
& au moyen de ce, faifant droit à la Requête d'intervention des
Sindics du Corps de la Nobleffe, a mis & met ledit Crefp fur
l'affiftance en caufe dudit Gras, hors de Cour & de Procès; condamne ledit Gras aux dépens envers toutes les Parties. FAIT à
Aix en Parlement le 25. Juin 1738.

TABLE

Des Arrêts contenus dans ce Recuëil.